AUTORI

Paolo Crippa (23 aprile 1978) coltiva sin dai tempi del Liceo la passione per la Storia italiana, soprattutto della Seconda Guerra Mondiale. Le sue ricerche si incentrano soprattutto nel campo della storia militare ed in particolare sulle unità corazzate a partire dagli anni '30 fino alla fine della Seconda Guerra Mondiale. Nel 2006 pubblica il suo primo volume, "I Reparti Corazzati della Repubblica Sociale Italiana 1943/1945", prima ricerca organica compiuta e pubblicata in Italia sull'argomento, a cui faranno seguito negli anni successivi altri 4 libri con Marvia Edizioni e cinque con Mattioli 1885. Ha all'attivo più di cinquanta articoli per le riviste Milites, Historica Nuova, SGM – Seconda Guerra Mondiale, Batailes & Blindes, Ritterkreuz, Fronti di Guerra, Mezzi Corazzati, Storia & Battaglie, Il Carrista d'Italia, Umago Viva, La Martinella, Storia del Novecento e Uniformi, sia come autore, sia in collaborazione con altri ricercatori ed ha realizzato collaborazioni e consulenze per altri autori nella stesura di testi storico – uniformologici. Ha partecipato a trasmissioni della rete televisiva on- line Legnano Web TV ed a trasmissioni di Radio RAI – Friuli Venezia Giulia, a partire dal 2021, ha condotto alcune conferenze per l'Associazione Nazionale Carristi d'Italia. Svolge attività d'informazione sulla tematica delle foibe e dell'Esodo giuliano-dalmata, sia attraverso la sua pagina Facebook, sia con conferenze tematiche tenute nelle scuole superiori che per l'ANVGD (Associazione Nazionale Venezia Giulia e Dalmazia). Dal 2019 collabora con Luca Cristini Editore nella realizzazione della collana "Witness to War" e dal 2020 ne è il Direttore.

Daniele Notaro, nato il 22 gennaio 2002 a Lavagna, è studente di Storia presso l'Università di Genova. Fin dalla prima adolescenza ha coltivato la passione per la Seconda Guerra Mondiale incentrandosi in particolare sulle vicende del Regio Esercito negli anni '30 e '40. Altri temi di suo interesse sono le forze armate cobelligeranti, le vicende dei reparti Autonomi della Resistenza italiana e la difesa costiera italiana dagli anni '30 alla fine della Seconda Guerra Mondiale. Ha iniziato a pubblicare i suoi primi scritti sul sito Tank Encyclopedia nel 2022 e nell'ultimo periodo ha collaborato con la rivista Storia Militare.

PUBLISHING'S NOTES

None of unpublished images or text of our book may be reproduced in any format without the expressed written permission of Luca Cristini Editore (already Soldiershop.com) when not indicate as marked with license creative commons 3.0 or 4.0. Luca Cristini Editore has made every reasonable effort to locate, contact and acknowledge rights holders and to correctly apply terms and conditions to Content.
Every effort has been made to trace the copyright of all the photographs. If there are unintentional omissions, please contact the publisher in writing at: info@soldiershop.com, who will correct all subsequent editions.
Our trademark: Luca Cristini Editore©, and the names of our series & brand: Soldiershop, Witness to war, Museum book, Bookmoon, Soldiers&Weapons, Battlefield, War in colour, Historical Biographies, Darwin's view, Fabula, Altrastoria, Italia Storica Ebook, Witness To History, Soldiers, Weapons & Uniforms, Storia etc. are herein © by Luca Cristini Editore.

LICENSES COMMONS

This book may utilize part of material marked with license creative commons 3.0 or 4.0 (CC BY 4.0), (CC BY-ND 4.0), (CC BY-SA 4.0) or (CC0 1.0). We give appropriate attribution credit and indicate if change were made in the acknowledgments field. Our WTW books series utilize only fonts licensed under the SIL Open Font License or other free use license.

For a complete list of Soldiershop titles please contact Luca Cristini Editore on our website: www.soldiershop.com or www.cristinieditore.com. E-mail: info@soldiershop.com

Titolo: **ALBA, CITTÀ CONTESA 1944-1945** Code.: **WTW-060 IT**
Di Paolo Crippa e Daniele Notaro
ISBN code: 9791255891321. Prima edizione: giugno 2024.
Lingua: Italiano; dimensione: 177,8x254mm Cover & Art Design: Luca S. Cristini

WITNESS TO WAR (SOLDIERSHOP) is a trademark of Luca Cristini Editore, via Orio, 33D - 24050 Zanica (BG) ITALY.

WITNESS TO WAR

ALBA, CITTÀ CONTESA 1944-1945

PHOTOS & IMAGES FROM WORLD WARTIME ARCHIVES

PAOLO CRIPPA - DANIELE NOTARO

BOOKS TO COLLECT

INDICE

Introduzione..5

Le battaglie per Alba...7

    La Repubblica partigiana di Alba...8

    La "liberazione" di Alba..10

        Appendice: Relazione del "Capitano Fede", comandante della piazza di Alba, riguardo la difesa partigiana della città...16

    La battaglia dall'aprile 1945 e la caduta della città...19

        Appendice: la relazione sulla battaglia del 15 aprile 1945, redatta dal comandante del II Battaglione Arditi Fanti del R.A.P...23

La situazione delle forze partigiane nelle Langhe dall'estate 1944 al maggio 1945...........45

    Reparti Autonomi..45

    Reparti Garibaldini..51

    Reparti Giellisti...52

    Reparti Matteotti..53

I reparti della R.S.I. di presidio ad Alba dall'Estate 1944 al Maggio 1945......................71

    II Battaglione Arditi Fanti..72

    III Battaglione Arditi Alpini...78

    X Gruppo Speciale d'Artiglieria...79

    Reparto Autonomo di Cavalleria..82

    1ª Compagnia Carri Leggeri..83

Bibliografia..96

INTRODUZIONE

La città di Alba è un importante centro abitato delle Langhe in provincia di Cuneo, divenuta famosa nel dopoguerra soprattutto grazie agli scritti di Beppe Fenoglio, che romanzò molte sue vicende personali, vissute mentre era partigiano in quelle zone.
La città di Alba fece infatti da sfondo agli scontri tra partigiani e truppe dell'Asse tra il 1944 e 1945 e venne addirittura occupata dalle forze della Resistenza nell'ottobre 1944, che però ne mantennero il controllo per pochi giorni, i famosi "23 giorni di Alba", descritti proprio da Beppe Fenoglio nell'omonimo libro.
La città venne nuovamente attaccata dai partigiani il 15 aprile 1945, in uno scontro che durò per tutto il giorno, ma che non sloggiò il presidio repubblicano dalla città e solo il 26 aprile vi fu l'ingresso definitivo dei partigiani della II^a Divisione "Langhe" e della 21ª Brigata Matteotti "Fratelli Ambrogio" con relativa resa delle forze della Repubblica Sociale Italiana.
In questa pubblicazione verranno prese in esame le vicende avvenute nella città langarola tra il 1944 e il 1945, con la descrizione delle unità partigiane e repubblicane, che si scontrarono nelle Langhe. Completano il testo le riproduzioni di un buon numero di documenti originali di entrambe le fazioni.

Ringraziamenti

Questo volume è dedicato alla memoria di Alfredo Giaroni, scomparso prematuramente. Ringraziamo sentitamente sua moglie Ersilia Gianlorenzi, per avere gentilmente acconsentito alla pubblicazione di fotografie inedite del suocero Carlo, che fu un giovanissimo Cavaliere del Reparto Autonomo Cavalleria del R.A.P. ad Alba.
Nella stesura di questo libro, desideriamo ricordare altre persone che hanno contribuito fornendo immagini, documentazione, bibliografia, informazioni. In particolare, ringraziamo per l'aiuto, in rigoroso ordine alfabetico, Mattia Barbero, Carlo Cucut (che, oltre a copiosa documentazione, ha fornito anche numerose immagini provenienti dall'archivio di Attilio Viziano), Marcello Gallesi, che ci ha purtroppo lasciati, Luigi Manes, Pierfranco Malfettani e Tommaso Murino.

▲A sinistra: distintivo da Ardito, nella versione realizzata durante la R.S.I., che aveva sulla guardia del gladio la parola "Italia" al posto del motto sabaudo "FERT". Dal 20 dicembre 1944 veniva concesso ai militari impiegati nella lotta controbanda, che avessero partecipato da almeno tre operazioni sul campo. A destra: nastrino distribuito ai militari della R.S.I. impegnati nelle operazioni antipartigiane. In questa immagine la versione realizzata con nastrino verde (g.c. My Militaria).

▲ Autocarro FIAT 626 del Raggruppamento "Cacciatori degli Appennini" con a bordo militi del III Battaglione G.N.R. ed Ausiliarie, fotografato a fine guerra durante il ripiegamento verso Strambino Romano. Negli ultimi mesi di guerra i mezzi del reparto furono gradualmente modificati per essere alimentati a gasogeno, a causa della penuria di carburante (Pisanò).

▼ Il Comando dei partigiani delle formazioni "Matteotti" avanza verso Alba, mentre la guarnigione repubblicana lascia la città il 10 ottobre 1944.

LE BATTAGLIE PER ALBA

Alba era stata occupata nel settembre 1943, dopo l'Armistizio dell'8 settembre, da reparti delle SS tedesche. Solo nella prima metà del 1944, molti mesi dopo la formazione della Repubblica Sociale Italiana, ai tedeschi erano subentrati al presidio della città reparti italiani: si trattava di un distaccamento della Legione Autonoma Mobile "Ettore Muti".
Nella seconda metà del 1944 la valle del Tanaro, ed in generale le Langhe piemontesi, iniziarono a diventare territorio fortemente conteso dalla Repubblica Sociale e dai partigiani, che in quella regione stavano sempre più prendendo piede. In particolar modo la città di Alba, situata sulla sponda destra del fiume Tanaro, a pochi chilometri dall'ingresso di una lunga valle tracciata dal fiume tra i grandi gruppi collinari dell'alto Monferrato e delle Langhe, rappresentava nella strategia repubblicana la posizione di presidio più avanzato verso le zone controllate dai partigiani, per i quali, a sua volta, ricalcava la funzione di punto di raccordo fra le zone collinari controllate.
Il 7 agosto prese posizione in città anche il II Reggimento "Cacciatori degli Appennini" del Centro Addestramento Reparti Speciali, al comando del colonnello Aurelio Languasco[1]. I reparti del C.A.R.S dislocati in Piemonte, che costituivano il cosiddetto "Raggruppamento Farina", effettuarono dei rastrellamenti nelle Langhe con la 1ª Brigata Nera Mobile e reparti delle SS per tutto il mese di agosto. A fine mese venne segnalata una forte concentrazione di partigiani in ripiegamento nei dintorni di Monforte d'Alba (CN): il Comando Tedesco diramò l'ordine di effettuare un'operazione controbanda per il ° settembre, a cui parteciparono il 1° ed il 2° Reggimento "Cacciatori degli Appennini", un'aliquota autocarrata della 1ª Brigata Nera Mobile, 4 Compagnie ucraine della Wehrmacht ed una Sezione di 3 pezzi da 47/32 del Gruppo Heldmann delle SS Italiane. I reparti si mossero poco dopo le 6 del mattino, ma le unità della Resistenza, che avevano rilevato i movimenti delle truppe, iniziarono ad allontanarsi. Svanito l'effetto sorpresa, gli scontri a fuoco furono limitati ed i risultati ottenuti furono irrisori (il 2° Reggimento dei Cacciatori perse comunque un uomo).
Nel frattempo, ad Alba si era venuto a creare un forte attrito tra il Reggimento "Cacciatori degli Appennini" ed il reparto della Legione "Muti", che agiva in quasi totale autonomia e che voleva avere il comando del presidio cittadino. Secondo i ricordi del Vescovo di Alba Monsignor Luigi Grassi, la situazione era effettivamente tesa: "[…] *Il reparto della Muti lavorava per conto suo ed in contrasto col II° Cacciatori perché ognuno dei due voleva detenere il comando del presidio, cercando di darsi lo sgambetto vicendevolmente*"[2]. Per questo motivo a fine agosto la "Muti" ripiegò su altre posizioni lasciando la città in mano al Reggimento "Cacciatori".

---

1 Il Reggimento era così formato:
- Comando
- I Battaglione G.N.R. su 3 Compagnie al comando del maggiore Vallocchia;
- II Battaglione G.N.R. su 3 Compagnie al comando del maggiore Rose;
- III Battaglione Carabinieri su 3 Compagnie al comando del tenente colonnello Dal Piaz.

2 "Ricordi personali", articolo di Monsignor Lugi Grassi del 1946, citato in bibliografia.

La Repubblica partigiana di Alba

Alla fine dell'estate la situazione nelle Langhe peggiorò per la Repubblica Sociale Italiana, per l'inasprimento dell'attività delle bande comandate da "Mauri", che controllavano completamente la zona di Alba, ed a fine settembre accadde un fatto che avrebbe successivamente consegnato la città nelle mani di Mauri. Infatti, il 2° Reggimento dei "Cacciatori degli Appennini" venne richiamato a Ceva, sede del C.A.R.S. per ordine del generale Del Giudice, comandante del Centro Addestramento Reparti Speciali ed il presidio dei Alba fu demandato al II Battaglione Alpini "Cadore" del 1° Reggimento "Cacciatori degli Appennini", che prese posizione il 3 ottobre, al comando del Colonnello Ippolito Radaelli. Questi era un uomo tenuto in grande considerazione dal Vescovo della città ("[…] *un uomo ed un battaglione che nei pochi giorni che si fermarono da noi si comportarono esemplarmente*"). La presenza del reparto in città fu però di brevissima durata.

Nelle settimane precedenti, infatti, la città era stata fatta oggetto di ripetuti, piccoli ma logoranti attacchi notturni da parte dei partigiani, soprattutto nella zona periferica, verso i posti di blocco dei militari repubblicani e verso le caserme più esposte. Si fece strada la convinzione nel comando militare della città che era probabilmente necessario abbandonare la città, prima che diventasse indifendibile. Il 10 ottobre, di conseguenza, la città di Alba fu occupata a mezzogiorno, senza colpo ferire, da partigiani del 1° Gruppo Divisioni Alpine (Brigate "Belbo", "Canale" ed "Alba"), da una squadra volante della 7ª Banda "Giustizia e Libertà" e dal Distaccamento "Michel"[3] della VIª Divisione Garibaldi, dopo che avevano costretto la guarnigione repubblicana, formata, oltre che dal Battaglione "Cadore", da un presidio di 40 uomini della G.N.R., ad evacuare la città in seguito alla mediazione del Vescovo, Monsignor Luigi Maria Grassi.

L'occupazione della città avvenne all'insaputa dei comandi della VIª Divisione Garibaldi e della 48ª Brigata e la partecipazione all'azione in città del distaccamento di Michel fu una casualità dovuta all'incontro tra questa unità – impiegata in una normale azione di pattuglia - e le forze avanzanti verso Alba.

Giovanni Latilla "Nanni", comandante della VIª Divisione Garibaldi, affermò il 12 ottobre:
L'occupazione di Alba avveniva senza che da parte di Mauri o dei G.L. fossero informati i Comandi della VI Divisione e della 48 Brigata come sarebbe stato logico avvenisse nello spirito di una stretta collaborazione fra tutte le formazioni partigiane prima che si prendesse una decisione così importante.[4]

La guarnigione fascista lasciò Alba in colonna pressoché ordinata senza lasciare le armi, in direzione nord (secondo una fonte partigiana, solo alcuni sporadici colpi di mortaio furono sparati contro i militari repubblicani in ripiegamento). Monsignor Grassi così descrive, nelle sue memorie, la partenza del presidio repubblicano: "*Dopo 10 giorni o poco più di permanenza il battaglione riceveva già l'ordine di partire… senza che fosse annunciata nessuna truppa a supplire il Presidio. Il Colonnello Redaelli faceva i preparativi di partenza ed il lunedì stesso 9 Ottobre veniva a congedarsi da me e a dirmi la sua preoccupazione per la città, e che avendone parlato con i suoi superiori, s'era entrati nell'ordine di idee di passare pacificamente la città ai badogliani del Maggiore Mauri per salvarla dai pericoli prospettati il giorno prima al Prefetto stesso di Cuneo, dal Commissario della città*".

---

3 L'unità prende il nome dal comandante Amilcare Ghibellini "Michel", ex sergente maggiore degli alpini classe 1911.
4 Tratto da Toscani, "Con i partigiani in Valbormida, Valle Uzzone, Velle Belbo – Langhe", cit. in bibliografia

Si è a lungo dibattuto sull'esistenza di un accordo tra i militari fascisti e la Resistenza per un passaggio incruento del controllo della città, ma la situazione è sicuramente molto più articolata; è infatti probabile che in realtà vi sia stato un "accordo" tra il comandante del Battaglione "Cadore" ed i suoi superiori militari, per evitare uno scontro cruento contro i partigiani, che in quella fase sembravano avere l'obiettivo di insediarsi in città, poiché non erano disponibili forze repubblicane per rinforzare il presidio. È da sottolineare però che le Brigate Garibaldi erano anche contrarie all'occupazione della cittadina, poiché ritenevano il passo prematuro *"data la scarsa possibilità di difendere Alba nel caso di un ritorno offensivo del nemico in forze"* e consideravano un grave errore aver consentito ai fascisti di lasciare il presidio *"con tutte le armi ed il materiale, mentre vi era la possibilità di prendere prigionieri 300 alpini ed un armamento importante"*. La conquista di Alba, sostanzialmente, aveva dunque per gli autonomi una valenza soprattutto politica e di prestigio, perché i comandanti militari partigiani erano consci di non avere la possibilità di tenere a lungo la città. Il comando della piazza venne assunto da Carlo Alberto Morelli "Carletto", comandante della Brigata "Belbo" della II^a Divisione Langhe, poi sostituito da Enzo Bramardi "Capitano Fede".

Venne istituito un Comitato di Liberazione con membri scelti tra i maggiori esponenti politici locali per gestire l'amministrazione civile, dando inizio così all'epopea della cosiddetta "Repubblica di Alba". I partigiani controllavano tutto l'argine del Tanaro a nord, fino al ponte di Pollenzo che era controllato dai tedeschi, attestati nella ex-residenza sabauda della tenuta di caccia di Pollenzo.

Viene però spontaneo domandarsi come mai i comandi partigiani non avessero fatto meglio a rinunciare all'occupazione della città, rimanendo ben saldi nelle loro posizioni sulle colline circostanti, dato che l'incipiente brutta stagione avrebbe con ogni probabilità un rallentamento nelle offensive partigiane in Piemonte e degli Alleati sul fronte meridionale. La risposta la fornisce lo stesso Mauri nelle sue memorie[5]: *"L'offensiva alleata ha subito un arresto sulla linea gotica, ma presto sarà ripresa, non c'è dubbio. Presto tutto il Piemonte, tutta l'Italia sarà libera. Anche Temple ne è così sicuro. Ma ho piacere che me lo confermi.*
- Dove saremo a Natale, Temple? -
- A Torino, vuol scommettere? Io metto in pegno un cronometro d'oro-".

Mauri era pertanto convinto che la stasi nell'offensiva alleata fosse solo temporanea e che ben presto sarebbe ripresa, portando inevitabilmente alla liberazione del Nord Italia. Nella visione di Mauri, pertanto, la città di Alba diventava necessariamente capitale di un embrione di Stato, all'interno della Repubblica Sociale Italiana: *"Le Langhe sono ormai diventate un paese interamente nostro, un piccolo Stato libero nel territorio della Repubblica Sociale fascista. In tutta la zona compresa, nel grande arco del Tanaro, da Ceva ad Asti, sventola in segno di sfida il tricolore partigiano e lungo le acque sonanti del fiume, in cui si mescola e disperde il sangue dei contendenti, i nostri reparti fanno buona guardia. Lo staterello comprende oltre un centinaio di paesi con qualche centinaio di migliaia di abitanti. L'amministrazione comunale è retta dai comitati, dai sindaci e dalle giunte liberamente eletti... Il maggiore Peschiera ha impiantato la complessa organizzazione degli Affari civili per regolare i rapporti con le amministrazioni comunali, disciplinare le requisizioni, riscuotere*

---
5 Da "Con la libertà e per la libertà", opera citata in bibliografia.

i tributi. Il servizio di polizia è disimpegnato dalle stazioni carabinieri del tenente Marino, che sono state impiantate nei concentrici principali. L'amministrazione della giustizia, anche per le vertenze di natura penale e civile fra i locali, è regolata dai tribunali divisionali, sotto il vigile controllo del Giudice Giusto. Il servizio sanitario ha ora a sua completa disposizione gli ospedali di Murazzano e Cortemilia... Il piccolo Stato non è dunque soltanto una semplice e vuota espressione; è un qualche cosa di vivo ed operante. Manca solo la capitale... Guardiamo ad Alba la capitale delle Langhe. La cittadina adagiata sulle rive del Tanaro ci attira inavvertitamente, irresistibilmente"[6]. Mauri però era, in realtà, inizialmente scettico sulla possibilità di riuscire a mantenere un presidio costante sulla città, tanto che, per le prime due notti successive alla "liberazione", ordinò ai suoi uomini di ripiegare sulle posizioni di partenza, in maniera da non essere troppo esposti a possibili pericoli. L'occupazione stabile e continuativa della cittadina iniziò di fatto dopo il verificarsi di alcuni fatti che turbarono l'ordine pubblico, episodi che richiesero una presenza militare costante giorno e notte.

Ad Alba andò così a costituirsi una "Repubblica Partigiana", un'entità statuale, di fatto provvisoria, sottratta l'influenza delle autorità della Repubblica Sociale Italiana e governata dai partigiani, secondo una modalità repubblicana. Il comando della piazza fu affidato al tenente Carlo Alberto Morelli "Carletto", comandante della Brigata "Belbo" della II[a] Divisione "Langhe", poi sostituito da Enzo Bramardi "Capitano Fede" mentre per gestire l'amministrazione civile fu costituito un Comitato di Liberazione Nazionale, formato da membri scelti tra i maggiori esponenti politici antifascisti locali. Le autorità civili regolamentarono le requisizioni di generi alimentari, diedero impulso alle officine meccaniche, affinché iniziassero a produrre armi, fecero stampare la "Gazzetta Piemontese", il primo giornale di Alba libera, ordinarono alle distillerie di produrre alcool da utilizzare in sostituzione della benzina, vista la quasi totale mancanza di carburanti, e celebrarono anche un matrimonio. Al di fuori della città, i reparti partigiani controllavano tutto l'argine del fiume Tanaro a nord, fino al ponte di Pollenzo, dove si trovavano dei reparti tedeschi, che facevano base presso l'ex-residenza sabauda della tenuta di caccia di Pollenzo. Furono inoltre costituite le Giunte popolari comunali, elette in un primo tempo per alzata di mano, e poi con schede scrutinate alla presenza degli elettori, nelle diverse località della zona liberata dalla presenza delle truppe italo - tedesche. La prima di queste Giunte fu eletta a Vinchio il 17 settembre, e pochi giorni dopo furono elette Giunte nella valle del Tiglione e in altre zone liberate. Fu costituito un corpo di polizia per l'ordine pubblico e con attribuzioni politiche: questo aveva il compito di *"provvedere alla neutralizzazione e repressione... dell'attività disgregatrice che elementi fascisti repubblicani, ex fascisti, filo-repubblicani, filo-tedeschi stanno svolgendo in ogni comune della zona liberata, per rompere il fronte unico nazionale antifascista"*.

La "liberazione" di Alba

Nei giorni successivi all'occupazione della città, l'Alto Commissario per il Piemonte Zerbino ed il Commissario Federale di Torino Solaro decisero di dare una spallata alle formazioni partigiane, "liberando" le Langhe, subito dopo la completa rioccupazione della Valdossola, che era in corso in quei giorni. Sul finire del mese, al Raggruppamento Anti Partigiani fu quindi ordinato di convergere su Alba, mentre veniva inviato alla sedicente

---

[6] Da "Con la libertà e per la libertà", opera citata in bibliografia.

Repubblica partigiana un ultimatum con l'ordine di sgombrare la città. Il 26 ottobre, grazie all'intervento del Vescovo, che non voleva che in città si verificassero scontri armati, che avrebbero messo in serio pericolo la popolazione, si tenne a Santa Vittoria d'Alba un incontro tra il comandante partigiano "Mauri" e Duccio Galimberti, leader di "Giustizia e Libertà", da una parte e l'Alto Commissario per il Piemonte Zerbino ed il Commissario Federale di Torino Solaro dall'altra, incontro che non portò ad alcun risultato, poiché le autorità partigiane erano decise a resistere ed a mantenere saldo il controllo della cittadina. Tra il 30 ed il 31 ottobre si svolsero altri tre incontri tra il Maggiore Mauri e l'Alto Commissario Zerbino, sempre con la mediazione di Monsignor Grossi, a Barbaresco, a Mussotto ed a Cinzano; prima di sottoscrivere un accordo, Zerbino prese tempo chiedendo un quarto incontro, al quale però Mauri inviò solo una sua rappresentanza. Di ritorno da quest'ultimo incontro, i rappresentanti della Resistenza comunicarono al Maggiore Mauri la proposta dei repubblicani. Il comandante partigiano riassume così nelle sue memorie il dibattito avvenuto con i suoi rappresentanti: *"Se al primo colpo di cannone farò alzare sul campanile del Duomo la bandiera bianca mi concederanno il tempo di ripiegare. "Che cosa dobbiamo fare?", domanda Fede (il comandante della Piazza di Alba). "Al primo colpo di cannone alzi sul campanile il tricolore"*.

Nel frattempo, il 30 ottobre, il colonnello Ruta, comandante del Raggruppamento, ricevette dall'Alto Commissario Zerbino l'ordine di attaccare la città. Si legge infatti nella "Relazione sulle operazioni svolte nei giorni 31 Ottobre - 1-2 Novembre 1944 per la liberazione di Alba, già occupata da fuori legge" del colonnello Ruta allo Stato Maggiore dell'Esercito: *"Il giorno 30 ottobre 1944 ricevo l'ordine dal dr. Zerbino, Commissario Straordinario per il Piemonte, presenti il Commissario Federale del P. F. R. ed il Capo della Provincia di Cuneo, di concretare l'ordine di operazioni per la liberazione di Alba, passata sotto il controllo dei ribelli, e di assumere il comando delle truppe necessarie per la realizzazione dell'azione. Tenuto conto del compito e della particolare situazione nemica, proponevo di far partecipare all'operazione tutti i miei reparti del R.A.P. dislocati in Torino e le aliquote di forze già concentrate a Bra (circa 600 uomini della G.N.R. delle Brigate Nere di Torino e di Cuneo e del Gruppo Corazzato Leonessa). Chiedevo in oltre il concorso di almeno un battaglione della X Mas rinforzato da un gruppo di artiglieria (su 2 btr.). Le richieste venivano interamente soddisfatte e mi venivano concessi gli automezzi ed il carburante necessari per il trasferimento delle forze da Torino nella zona di impiego"*. Come si nota nel rapporto Zerbino concesse a Ruta tutti gli automezzi ed il carburante necessari per trasferire le truppe da Torino alla zona di impiego; questo è un segnale dell'importanza che rivestiva per la autorità repubblicane la liberazione di Alba, dato che era veramente difficile procurarsi la benzina per gli autoveicoli.

Inizialmente l'attacco era previsto per il 1° novembre ed avrebbe dovuto avvolgere Alba da ogni lato, sviluppandosi in questo modo, secondo descrizione del piano concepito dal colonnello: *"Attaccare il lato nord dell'abitato di Alba superando di viva forza il fiume Tanaro; aggirare e distruggere, con azione a tenaglia, le forze avversarie dislocate alla difesa degli sbocchi est e sud-est dell'abitato stesso, agendo con tre colonne di attacco:*
a) Colonna Nord - compito: attaccare frontalmente l'abitato di Alba passando il fiume Tanaro con le maggiori forze sulla passerella del Mussotto e con elementi arditi a nuoto e su galleggianti penetrare nell'abitato da porta Tanaro e da porta Cherasco.

b) Colonna Est - compito: occupare con elementi blindati il nodo stradale nei pressi di C. Sansoldo e con elementi di fuoco Q. 306 e Q. 33, a sud - ovest di Alba. Procedere successivamente: 1°) con le maggiori forze per Q. 306, C. Fantina sulla rotabile Alba Cortemilia all'altezza di C. Daniele, penetrando nell'abitato da porta Savona; 2°) con una aliquota di mezzi blindati, rinforzata da fanteria, raggiungere porta Cherasco per appoggiare l'azione della colonna nord.

c) Colonna Sud - Ovest - compito: occupare con elementi di fuoco Q. 253 di Villa Miroglio, procedere alla conquista dei due sbocchi sud-ovest dell'abitato di Alba, agendo con le maggiori forze per l'asse rotabile Roddi-Alba".

La colonna Nord doveva essere composta dal I R.A.U., un plotone del II R.A.U., una Batteria da 75/13 e 2 sezioni di mitragliatrici del X Gruppo Speciale di Artiglieria, 2 cannoni da 47/32 e 2 mortai da 81; la colonna Est invece era formata dal II R.A.U., una seconda Batteria da 75/13 del X Gruppo Speciale di Artiglieria, 2 mezzi protetti ed una 1 stazione radio. Infine, la colonna Sud - Ovest era costituita dalle Brigate Nere di Torino e Cuneo, da una Compagnia della G.N.R., un plotone della X MAS, con il sostegno di un carro armato M13/40 del "Leonessa" e di una 1 stazione radio. La marcia d'attacco avrebbe dovuto essere coordinato dal Comando, il quale teneva a disposizione per eventuali rinforzi una Batteria da 105 della "Decima" ed un Plotone di Cavalleria, mentre le tre Colonne avrebbero dovuto raggiungere insieme Canale, seguendo l'itinerario Torino - Moncalieri - Poirino - Pralormo - Montà - Canale, e poi da lì ciascuna avrebbe dovuto seguire delle diverse direttrici:

- la Colonna Nord doveva attestarsi nella zona di Mussotto;
- la Colonna Est doveva raggiungere San Damiano d'Asti, da dove avrebbe dovuto inviare un reparto esplorante, per verificare se fosse stato possibile attraversare il fiume Tanaro sul ponte di Motta o per mezzo del traghetto di Neive. Qualora nessuna delle due opzioni fosse stata attuabile, avrebbe dovuto passare il Tanaro ad Asti, per raggiungere poi Asti, per operare il piano d'attacco precedentemente riportato;
- la Colonna Sud-Ovest, passato il Tanaro a Mussotto, doveva investire Alba dalla parte

Lo stesso Monsignor Grassi, Vescovo di Alba, nelle sue memorie ricorda che *"Intanto tra il 31 ottobre ed il 1° novembre ingenti forze repubblicane s'ammassavano sulla riva sinistra del Tanaro da Pollenzo fino a Barbaresco; si seppe poi che erano circa tremila soldati con una ventina di cannoni appostati in varii punti, due autoblinde e varii carri armati".*

La mattina del 1° novembre le colonne si misero effettivamente in marcia, ma tutti i ponti sul fiume Tanaro, gonfio a causa delle recenti piogge, erano stati interrotti e perciò i reparti dovettero deviare dalle proprie traiettorie d'attacco ed attestarsi a Bra, sospendendo momentaneamente l'azione; la direttrice di marcia prevista per la Colonna Est si rivelò di fatto un errore tattico molto importante, dato che, se da un lato l'impossibilità di attraversare il Tanaro nei punti prefissati doveva essere nota, era altrettanto rischioso raggiungere Alba, passando da Asti, esponendo le truppe ad un lungo spostamento in territorio insidioso. Ruta dovette così rivedere e modificare il piano originario, ridimensionando il raggio d'azione, ora previsto per il giorno successivo, 2 novembre, dopo aver richiesto ai tedeschi di poter attraversare il Fiume Tanaro al ponte di Pollenzo, una frazione di Bra, da loro presidiato, spostando l'asse dell'attacco sul lato ovest della città di Alba.

Nel frattempo, era giunto in ulteriore rinforzo il Battaglione "Fulmine" della "Decima"[7] ed aveva raggiunto la zona anche un reparto speciale dei Vigili del Fuoco del Comando Provinciale di Torino, che disponeva di battelli pneumatici.

Allo scoccare della mezzanotte Ruta impartì l'ordine di mobilitazione ai circa 3.000 militari repubblicani. Parteciparono all'azione, oltre ai reparti del R.A.P., più di 600 uomini della Guardia Nazionale Repubblicana di Torino e di Cuneo, della I Brigata Nera "Ather Capelli" di Torino, della V Brigata Nera "Carlo Lidonnici" di Cuneo, del Gruppo Corazzato "Leonessa", che fornì appoggio con 3 carri armati e 2 autoblindo, un Battaglione di ausiliari della Polizia Repubblicana ed i Battaglioni "Lupo" (con un proprio carro armato L6/40) e "Fulmine" ed il Gruppo Artiglieria "San Giorgio", un'unità di artiglieria del Gruppo di Combattimento Decima. Durante le operazioni fu impiegato anche un reparto a cavallo che proveniva da Cuneo, di cui non si conosce la dipendenza organica, il cui comandante era il maggiore Bonatelli.

Al momento dell'attacco le forze disponibili furono suddivise in tre gruppi tattici:

1. Il I R.A.U. ed 1 Plotone del II R.A.U., al comando del tenente colonnello Berni, con il sostegno di alcuni pezzi da 75/13 del X Gruppo Speciale di Artiglieria;
2. un reparto di formazione composto dai Battaglioni "Lupo" e "Fulmine" della Decima al comando del capitano di corvetta Boriello;
3. un raggruppamento formato dai reparti delle Brigate Nere e della G.N.R., agli ordini del comandante Ranza, con il sostegno dello Squadrone di Cavalleria del maggiore Bonatelli.

Sul fronte opposto, ad ovest si trovava la 48ª Brigata Garibaldi "Dante Di Nanni", ad est la 78ª Brigata Garibaldi di Giovanni Rocca "Primo", con il compito di sorvegliare i movimenti sul fiume Tanaro fino a Castagnole-Neive, a sud ovest due distaccamenti della Brigata "Castellino" della Iª Divisione "Langhe". A difesa diretta dell'abitato a nord est era attestata la Brigata "Alba"; più indietro i partigiani autonomi della IIª Divisione "Langhe" avevano disposto due distaccamenti della Brigata "Canale", in seconda linea ad est e, a ridosso delle colline, un distaccamento della Brigata "Belbo". In riserva vi era il distaccamento garibaldino Michel, forte di 80 uomini. Dal punto di vista dell'armamento pesante, il dispositivo partigiano disponeva di una sezione da 2 mortai da 81mm della Brigata "Val Tanaro" della Divisione "Alpi", al comando del tenente Bologna, e da un Reparto armi pesanti del 1° Gruppo Divisioni Alpine, armato con 4 mitragliere da 13,2 mm, 4 mortai da 81 mm, 4 mortai da 50 mm 4 lanciabombe anticarro inglesi PIAT.

Secondo la relazione del colonnello Ruta le forze partigiane si sarebbero assommate "*in Alba per 700 – 1.000 uomini; per l'intera zona da un minimo di 1.500 ad un massimo di 5.000*", ma, in realtà si trattava di circa 700 uomini in città ed altrettanti nei dintorni.

All' 1:00 circa 600 militari della R.S.I., a bordo di autocarri con rimorchio, appoggiati da alcuni blindati, attraversarono il ponte di Pollenzo, seguiti da un'altra "ondata", mentre i

---

[7] Il "Fulmine" era stato concentrato ad Asti: la 2ª Compagnia vi era giunta il 31 ottobre, mentre la 3ª Compagnia il giorno successivo. Nella notte sul 2 novembre, a bordo di autocarri, il "Fulmine" si mosse verso Alba, raggiungendo la destinazione con fatica, a causa della pioggia battente.

mezzi blindati del Gruppo Corazzato "Leonessa" si tenevano a disposizione per sostenere il fuoco dove necessario. Alle ore 4:00 questo raggruppamento di Brigate Nere e G.N.R. investì Alba da sud – ovest e da est, raggiungendo la località di Roddi (CN), che investì i partigiani grazie alla superiorità numerica, all'appoggio dell'artiglieria ed alla possibilità di tenere collegamenti radio tra le unità. I reparti della Decima raggiunsero le posizioni prestabilite in due ondate, per scarsità di automezzi: dapprima fu trasportato il Battaglione "Lupo" e gli autocarri, dopo avere scaricato gli uomini, dovettero ritornare indietro per trasportare i marò del "Fulmine". Alle 6:00, secondo la relazione di Ruta, una sessantina di uomini dei R.A.U. e della Squadra "X" attraversavano il Tanaro su battelli pneumatici a valle di Ponte Mussotto, natanti messi a disposizione dai Vigili del Fuoco del capoluogo piemontese. Intorno alle 7:00 il gruppo di combattimento della Decima MAS penetrò da Roddi, appoggiato dai mezzi corazzati del "Leonessa", superano le unità della G.N.R. e delle Brigate Nere, e nel frattempo venivano investite Case Alfieri e Villa Miroglio con un fuoco di artiglieria, poiché da lì proveniva un fitto tiro di mortai. L'avanzata dei reparti del Battaglione "Lupo" fu rallentata da una mitragliera che era stata installata dai partigiani sul campanile di Roddi, riuscendo però ad affiancarsi ai reparti del I R.A.U.; i marò furono successivamente suddivisi in due gruppi, la 2ª Compagnia continuò l'avanzata dai campi, mentre la 3ª dalle colline circostanti.

Dopo mezzogiorno, mentre si completava l'accerchiamento della città, allargando la disposizione delle truppe repubblicane anche a sud, i reparti dei Reparti Arditi e della Decima (a cui finalmente si era ricongiunto anche il Battaglione "Fulmine") investivano completamente la città. Gli scontri a fuoco si protrassero fino alle 14:00, quando la città fu interamente sgomberata dai partigiani. I partigiani, infatti, disorientati dall'imponenza delle forze attaccanti e comunque in numero minore rispetto a quanti la conquistarono[8], con difficoltà di collegamento e logistiche (soprattutto la grave mancanza di munizionamento), si ritirarono e ripiegarono sulle colline. Il rapporto del colonnello Ruta termina la menzione degli scontri per la presa di Alba con queste parole: "*Completato l'investimento della città dopo reiterati concentramenti di artiglieria le colonne di Arditi e della X penetravano alle ore 14,05 in Alba. Un ufficiale ardito strappava il tricolore sabaudo che i ribelli avevano fatto sventolare durante tutta l'azione sul più alto campanile della città*". Questa la descrizione degli ultimi combattimenti in un documento partigiano: "*Dopo circa un'ora e mezza di resistenza sulla II linea, essendo la maggior parte degli uomini privi di munizioni, essendosi rese inservibili le più forti armi automatiche, ritenni necessario ordinare un nuovo ripiegamento. In considerazione dell'avvilimento degli uomini per la mancanza di munizioni, degli inconvenienti alle armi, del danneggiamento alla linea telefonica, ed allo scopo di non protrarre oltre il violento fuoco di artiglieria sulla città e di salvare l'organica efficienza dei reparti per poter garantire le zone retrostanti; considerando che qualunque ulteriore difesa avrebbe ottenuto solo un troppo lieve ritardo alla caduta della città e che in una difesa troppo ravvicinata avrebbero potuto essere fatti prigionieri interi nostri reparti, ho ordinato il ripiegamento sulla linea displuviale oltre la valle Cherasca, disponendo l'immediato sgombero dei feriti, magazzini, prigionieri, automezzi per i quali erano già stati dati fin dalle 8 del giorno stesso disposizioni in previsione*".

---

[8] Come ebbe infatti a scrivere lo scrittore langarolo Beppe Fenoglio nel suo "I ventitré giorni della città di Alba": "*Alba la presero in duemila il 10 ottobre e la persero in duecento il 2 novembre dell'anno 1944*".

I reparti della R.S.I. ebbero 4 morti e 10 feriti, mentre i partigiani, secondo il telescritto inviato alla Segreteria del Duce dal dottor Solaro, 29 morti accertati, 20 probabili, un'ottantina di feriti. I caduti repubblicani furono il sergente Giovanni Pinon della 3ª Compagnia del Battaglione "Lupo", il sottocapo Sergio Franchi del Battaglione "Fulmine", il capitano Giovanni Consiglio ed il milite Eustachio Aulitano della Brigata Nera "Ather Capelli"; questi ultimi due morirono, uccisi da fuoco amico, dopo essere stati colpiti da colpi di mortaio, sparati dal Battaglione "Lupo", che caddero corti a causa delle cariche rese umide dal clima poco clemente. Il sottocapo Franchi fu decorato con Medaglia d'Argento al Valor Militare alla memoria il 15 dicembre[9]. Le esequie per i caduti furono officiate a Torino il 4 novembre, nel corso delle celebrazioni per la ricorrenza della vittoria nella Prima guerra mondiale. Il numero delle perdite partigiane è abbastanza confuso. Infatti, nel già citato rapporto del colonnello Ruta si parla di 29 morti accertati, 30 probabili, 10 partigiani passati per le armi, circa 80 feriti, 14 prigionieri e 40 sospetti catturati. Il Vescovo di Alba, Monsignor Grassi, in una sua lettera, invece dice: "*A proposito di morti devo far notare per la verità che i morti repubblicani del 2 Novembre furono 4 e non più, come furono 4 e non più i partigiani morti... Dei partigiani feriti seriamente ne risultarono 4 portati all'Ospedale che si riuscì poi a fare evadere, e finora non se ne conoscono altri*".

Ad operazioni ormai quasi terminate giunse ad Alba uno Squadrone di Cavalleria, con 60 cavalli, al comando del capitano Bussotti, inviato dalla sede dello Stato Maggiore dell'Esercito di Bergamo per partecipare alle operazioni e che fu poi inserito in organico al Raggruppamento Anti Partigiani. Questa fu la prima operazione antipartigiani di una certa entità condotta e comandata da soli italiani, che dimostrarono un alto grado di addestramento alla lotta controguerriglia. Il R.A.P., dopo la rioccupazione della città, lasciò a presidio il II Battaglione Arditi Fanti, lo Squadrone di Cavalleria proveniente dallo Stato Maggiore dell'Esercito e la 2ª Batteria da 75/13 del X Gruppo Speciale di Artiglieria. Il 12 novembre il comando del presidio della città fu affidato al tenente colonnello Pieroni, comandante le nuove truppe repubblicane del R.A.P., che si erano insediate ad Alba.

Il Vescovo Grassi viene condotto a Torino, in arresto, con l'accusa di non aver voluto benedire le salme dei repubblicani morti ad Alba durante gli scontri, ma, grazie all'intervento dell'arcivescovo fu immediatamente rilasciato, dopo aver ricevuto le scuse dell'Alto Commissario del Governo Zerbino.

In seguito ai combattimenti sostenuti ad Alba, il Ministero delle Forze Armate concesse il distintivo di Ardito a tutti i militari che, impiegati nella lotta ai "ribelli", avessero partecipato a non meno di tre operazioni antipartigiani, attraverso una delibera che demandava al Capo di Stato Maggiore dell'Esercito la competenza del rilascio dei brevetti. Nel Bollettino di "Note ed Informazioni per le Truppe Italiane" n°2 del 20 dicembre 1944 si legge infatti: "Il Ministero delle Forze Armate ha disposto perché venga estesa ai militari impiegati nella lotta anti-ribelle e che abbiano partecipato onorevolmente a non meno di tre combattimenti la concessione del distintivo di Ardito, istituito per i militari appartenenti ai reparti d'assalto della precedente guerra mondiale. Il distintivo del tutto simile a quello stabilito

---

[9] Questa la motivazione: "*Marinaio di ardente fede e di indomabile spirito, colpito a morte dallo scoppio di una mina che gli asportava completamente gli arti inferiori. Incurante del dolore incitava i propri camerati a continuare nella loro opera di difesa della Patria, dichiarandosi lieto di immolare la propria giovinezza per l'ideale comune. Trasportato all'ospedale le sue ultime parole furono dedicate all'Italia ed al Duce e spirava invocando ancora una volta la vittoria per le armi italiane. Sublime esempio di consapevole sacrificio, monito alle presenti e future generazioni*".

dalla circolare n° 455 G.M. 1915 porta sulla crociera del gladio il motto "ITALIA" e va applicato sulla manica sinistra della giubba. L'autorizzazione a fregiarsi del distintivo è concessa dal Capo di Stato Maggiore dell'Esercito che provvede anche a rilasciare i relativi brevetti. I Comandanti delle truppe anti-ribelli trasmetteranno mensilmente allo S.M.E. L'elenco dei militari che si propongono per la concessione del distintivo".

Le autorità repubblicane riuscirono da quel momento a mantenere il proprio presidio nella città piemontese, anche in virtù del fatto che l'attività partigiana durante l'inverno 1944 – 1945 si ridusse al minimo, per riprendere solo nella primavera seguente.

Appendice: Relazione del "Capitano Fede", comandante della piazza di Alba, riguardo la difesa partigiana della città

"Esercito Italiano di Liberazione Nazionale - Comando Difesa della Città di Alba
Benevello, 6 novembre 1944
Oggetto: relazione circa le operazioni di difesa della città.

Situazione nostra
Schieramento
Il nostro schieramento è inquadrato ad Ovest dalla 48ª Brigata Garibaldi che giunge con il suo schieramento sino alla Cantina del Bivio di Roddi, ad Est dalla Brigata Garibaldi di Rocca che ha il compito di sorvegliare i movimenti sul fiume Tanaro sino all'altezza di Castagnole-Neive. Allo scopo di garantire la sutura ad Ovest e ravvisando la necessità di un'arma pesante in direzione di Pollenzo dispongo l'invio di una mitragliera da 13,2 al distaccamento Rupe di Roddi mentre invito "Kin" [10] *comandante la 48ª Brigata a rafforzare la zona Verduno-Roddi con altri due distaccamenti forti complessivamente di 80 uomini che il nostro stesso Comando provvede a far spostare trasmettendo il suo ordine.*
Il nostro schieramento è il seguente:
Zona Sicurezza: comprende le seguenti posizioni di arresto:
Casa Rabaglio (Ten. Bologna) Villa Monsordo - La Bemardina - Cascina Biancardi - C. Gallinotta - Le Basse.
L.R.: 1° Settore Ten. Renzo
Castello Gherlone -S. Cassiano-punto d'incontro del Canale di Verduno con la carrareccia proveniente da S. Cassiano.
II° Settore - "Pepe"[11]
Canale di Verduno sino alla confluenza col Tanaro-riva destra del Tanaro sino a Barbaresco. Al fine di raccorciare la linea di resistenza dato il limitato numero di forze a disposizione e costringere il nemico ad incanalarsi nella striscia di terreno battuto dalle armi predisposte sulle colline, era stato, dopo ricerche fatte presso gli Enti competenti nei giorni precedenti, allagato il terreno antistante a Nord Ovest e Nord la Linea di Resistenza (sulla carta allegata zona segnata in rosso).
Nelle zone antistanti non allagabili erano stati disposti campi di mine.

---

10 Marco Fiorina "Kin", classe 1915 ed ex tenente della Guardia alla Frontiera. Comandante della 48ª Brigata Garibaldi "Dante di Nanni".
11 Giuseppe Toso "Pepe", classe 1898 ed ex capitano veterinario.

Riserva: distaccamento Garibaldino Michel forte di 5 squadre (80 uomini).
Servizio Sanitario: posto medicazione presso il Cimitero. Sgombero feriti all'Ospedale Civile.
Collegamenti:
A mezzo porta-ordini con ogni Comandante di Settore (da inviare da ogni Comandante di Settore al Comando Difesa al primo allarme).
Telefono: secondo il seguente schema per l'attuazione del quale avevo dato ordini al Ten. Carletto al mio arrivo:
Comando: S. Cassiano-Bernardina-Roddi
Comando: Cascina S. Cristina (Comando Settore "Pepe") Barbaresco
Per deficienza di filo il Ten. incaricato mi riferì non essergli stato possibile completare lo schema richiesto: rimasero non collegati Roddi ed il Comando di "Pepe".
Segnalazioni con aerei:
Allo scopo di permettere all'aviazione Alleata di individuare l'andamento delle nostre linee si era tempestivamente provveduto a fornire i posti avanzati di teli da segnalazione circa il cui stendimento si erano date precise istruzioni.
Disposizioni per l'eventuale arretramento:
Seconda linea di resistenza:
q. 253 a S.S.O. di Alba (S. di Villa Miroglio) - Villa Miroglio - Fornace a Nord di V. Miroglio -Cimitero -Canale di Verduno - per ricongiungersi alla prima Linea Resistenza.
Resistenza in Città:
Sin dal giorno del mio arrivo ho ordinato, per la difesa ad oltranza della città, la costruzione di sbarramenti alle diverse vie di accesso incaricandone per il lato Ovest il Comandante Michel e per il lato Est il Ten. Renato[12]. Tali lavori furono appena iniziati la vigilia del combattimento sul lato Est.
Notizie sul nemico.
Da informazioni il nemico risultava avere le seguenti forze ed intenzioni:
Zona di S. Vittoria: due Btg. attrezzati con barconi che intendono forzare il fiume nella zona Pollenzo-Roddi ed investire la città da Ovest
Zona Biglini: due o tre compagnie specializzate - un gruppo di artiglieria misto da 75 e 105 - e reparti mortai e cannoni da 47. Nella zona: 10 autoblinde, alcuni carri L. ,1 carro M.
Zona a Nord di Costigliele: è segnalato un reparto forte di circa 1.000 uomini con artiglieria che intende probabilmente forzare il Tanaro sul nostro fianco destro.
Le operazioni:
Dalla mia diretta osservazione e dalle informazioni raccolte da varie fonti dopo il combattimento lo svolgimento delle operazioni mi è risultato essere il seguente:
Giorno l/II. Alle ore 23,15 fu dato l'ordine dell'inizio delle operazioni.
Giorno 2. Verso le ore 1 si effettuò da parte del nemico il passaggio sul ponte di Pollenzo, segretamente riparato, di 600 uomini su autocarri con rimorchio e di alcuni mezzi blindati seguiti da un secondo battaglione.
Più ad Est, più tardi e con azione evidentemente diversiva fu effettuato l'attraversamento su barconi di un piccolo reparto (circa 60 uomini).
Pattuglie di ricognizione e di esplorazione nemiche, attratte da un chiarore sorprendevano

---

12 Renato Carenzi.

un gruppo di 4 uomini, probabili componenti di una pattuglia di sicurezza sul fiume, intenti a giocare a carte al pian terreno di una casa (informazione del S.Ten. Franchi della Brigata Nera di Cuneo) e ne uccidevano tre per la energica reazione di questi all'intimazione di arrendersi, mentre un quarto riusciva a sfuggire alla cattura[13].

Ai primi chiarori dell'alba una pattuglia nemica (9 uomini) veniva avvistata dalla nostra mitragliera da 13,2 la quale apriva su di essa il fuoco.

Temendo un accerchiamento ritenendosi non protetto sui fianchi giacché non sentiva alcuna reazione da parte degli elementi che avrebbero dovuto esserci, dopo una vigorosa azione di fuoco si ritirava su Diano d'Alba.

Alle ore 7,45 circa durante la mia ispezione giunto in località San Cassiano diretto a Roddi fui fermato da un Garibaldino del reparto di Michel (che tornava da un permesso) il quale mi informò di essere stato fermato da una donna nella zona di Roddi che gli disse che vi erano dei repubblicani scesi da una barca in numero di circa 40 in località Toetto.

Spinsi immediatamente in tale direzione, per raccogliere qualche precisa notizia, una pattuglia, ed ordinai al reparto di Michel di raggiungermi alla Cascina S. Cassiano. Contemporaneamente ordinai per fonogramma tramite la Bernardina al reparto Garibaldini di S. Gallo (che doveva essere colà giunto) di disporsi per un contrattacco prendendo collegamento sulla destra con il reparto di Michel che nel frattempo era giunto autotrasportato ed al quale avevo ordinato di arginare l'infiltrazione e possibilmente eliminare la testa di sbarco creata in unione ai Garibaldini di San Gallo.

Alle ore 8,15 circa richiedo telefonicamente al Comandante Poli[14] *l'intervento dei 200 uomini previsti per l'immediato rinforzo. Il comandante mi dice di non poter mandare più di una quarantina di uomini che assicura arriveranno in breve tempo.*

Alle ore 8,30 circa provvedo ad informare a mezzo fonogramma il Comandante di Brigata Kin di stanza alla Morra, del contrattacco ordinato, invitandolo a fare un'azione di sorpresa alle spalle dei reparti infiltratisi.

Privo di informazioni da parte di Michel udendo solo una leggera azione di fuoco nella regione Mulino di Roddi ed avendo osservato la cessazione dell'azione di fuoco da parte della mitragliera da 13,2 di Casa Biancardi ho ritenuto che l'azione nemica fosse stata circoscritta. Di questa mia impressione diedi notizia al Comando anche al fine di rincuorare i civili che stavano precedentemente lavorando alla sistemazione difensiva e che già stavano ora impressionati, per tornare in città.

Convinto di aver stabilito la situazione nel settore raggiungevo Villa Miraglio dove avevo stabilito il Comando e là venivo informato che elementi nemici attaccavano la Bernardina. Tardando a giungere i rinforzi, i vari centri di fuoco, disposti sulla collina, arretravano fino a raggiungere Villa Miraglio.

Con gli elementi delle squadre colà ripiegate e con gli elementi di rinforzo del Comandante Poli nel frattempo sopraggiunti, (ore 12) rinforzavo la seconda linea di resistenza.

---

13 Nel testo "Con i partigiani in Valbormida...", op. cit. in bibliografia, si afferma che i tre vennero fucilati presso la cappella di San Antonio al Toetto. Essi, apprtenenti alla 48ª Brigata Garibaldi, erano:
- Franco Bocca "Zoe", classe 1922, ex aviere e decorato con Medaglia di Bronzo al Valor Militare
- Amedeo Piero Bosio "Falco", classe 1924, decorato con MBVM
- Giuseppe Sottimano "Beppe", classe 1923

14 Piero Balbo, classe 1916, famoso per essere il comandante "Nord" nel libro di Beppe Fenoglio "Il Partigiano Johnny".

Dopo circa un'ora e mezza di resistenza essendo la maggior parte degli uomini privi di munizioni e rese inservibili le più forti armi automatiche (2 mitragliere da 13,2 e due mitragliatrici da 8), ritenni necessario ordinare un nuovo ripiegamento.
In considerazione che:
1°) *Gli uomini erano avviliti prevalentemente dalla mancanza di munizioni e dai gravi successivi inconvenienti alle armi;*
2°) *Non erano stati eseguiti che in misura insufficiente i lavori di difesa passiva sulle diverse strade di accesso alla città;*
3°) *Il fuoco tamburreggiante delle artiglierie nemiche batteva la nostra seconda linea, la nostra via di rifornimento, e aveva danneggiato le comunicazioni telefoniche;*
4°) *Allo scopo di non protrarre oltre il violento fuoco di artiglieria sulla città.*

Allo scopo di salvaguardare l'organica efficienza dei reparti e garantire con questo le zone retrostanti.
Considerando che qualunque ulteriore difesa avrebbe ottenuto solo un troppo lieve ritardo alla caduta della città e che in una difesa troppo ravvicinata avrebbero potuto essere fatti prigionieri interi nostri reparti, ho ordinato il ripiegamento sulla linea displuviale oltre Valle Cherasca, disponendo l'immediato sgombero dei feriti, magazzini, prigionieri, automezzi, per i quali erano già stati dati fino dalle ore 8 del giorno stesso disposizioni di previsione. Il mattino seguente i reparti, d'iniziativa, dopo avermene informato, raggiungevano approssimativamente le posizioni di partenza.

La battaglia dall'aprile 1945 e la caduta della città

Tra marzo ed aprile 1945 si assistette ad un'escalation incredibile di intensità di scontri tra partigiani e repubblicani, a cui presero parte spesso parte anche i reparti della R.S.I di stanza ad Alba. Tra il 21 ed il 23 marzo il II Battaglione Arditi del R.A.P., con l'appoggio di alcuni carri del Nucleo Esplorante, effettuò un rastrellamento intorno ad Alba, insieme ad altri reparti repubblicani, nel corso del quale furono uccisi otto partigiani, catturati una quarantina di sospetti e fermati diciotto renitenti alla leva. Il 24 marzo il reparto di Cavalleria del R.A.P. fu attaccato dai Partigiani mentre si trovava in perlustrazione sulle colline sopra Villa Gavuzzi e nel corso dell'attacco quattro militari risultarono feriti.

Tra il 14 ed il 15 aprile i partigiani, coadiuvati da un commando inglese paracadutato, accerchiarono ed attaccarono duramente Alba, in quella che, secondo Monsignor Grossi, fu la prova generale della liberazione della città. Da un documento partigiano si rileva come gli obiettivi programmati per l'azione fossero ben chiari.

All'attacco parteciparono un folto numero di unità per un totale di circa 600 uomini, 200 uomini della III[a] e X[a] Divisione "Giustizia e Libertà", 300 partigiani della Brigata "Belbo" – II[a] Divisione "Langhe" – e 100 uomini della 21[a] Brigata Matteotti "Fratelli Ambrogio". In supporto a questi vi erano anche il commando della Missione "Canuck", comandata dal Capitano Robert "Buck" MacDonald, forte di circa cinquanta uomini de 2nd Special Air Service armati con un cannone da 75 mm, dieci mortai da 3 pollici e qualche mitragliatrice .303 Vickers e .50 Browning.

Per impedire un intervento repubblicano dalle zone limitrofe venne ordinato alla IX[a] Divisione Garibaldi "Alarico Imperito" di attaccare i presidi repubblicani di Canelli e Nizza mentre la VI[a] Divisione "Asti" e la XII[a] Divisione "Bra" dovevano impedire l'arrivo di rinforzi dalle due città.

L'azione venne preceduta dall'ingresso in città alle 3 mattutine di alcuni gruppi di sabotatori che dovevano colpire i centri di collegamento repubblicani e formare un caposaldo all'interno della città.

Alle 6 e mezza del mattino partì l'attacco partigiano su tre colonne:

1. La prima, formata dal 1° Distaccamento e dal plotone guastatore della "Brigata Belbo" e da elementi di "Giustizia e Libertà" agli ordini del comandante Gildo Fossati "Gildo" doveva attaccare su Villa Mancaretto e Fornace;
2. La seconda composta dal 3° Distaccamento della "Brigata Belbo" e da un distaccamento "Matteotti" agli ordini del comandante Luigi Bezzuti "Gino" attaccava su Case Pericca;
3. La terza formata dal 2° Distaccamento della "Brigata Belbo" sotto il comando del comandante Franco Marchelli "Marco" procedeva verso il ponte ferroviario sul fiume Tanaro.

Dopo 15 minuti di fuoco preparatorio da parte del reparto di MacDonald – dislocato sulle alture a sud est di Alba, i reparti partigiani avrebbero dovuto procedere con l'eliminazione di tutti gli ostacoli che si trovavano nel loro settore d'avanzata, ma, entro 45 minuti al massimo, se le manovre di sfondamento non fossero dovute andare a buon fine, le forze partigiane si sarebbero dovute sganciare. L'azione partigiana effettivamente si svolse secondo il piano stabilito e sembrava essere sul punto di raggiungere il successo, soprattutto per l'azione della 1[a] e 3[a] colonna che si ricongiunsero verso le 10:30 occupando tre quarti di Alba mentre la 2[a] colonna dovette ritirarsi a causa dell'intenso fuoco repubblicano.

Nonostante la strenua resistenza delle forze repubblicane, fino a mezzogiorno del giorno 15 il presidio militare della città sembrava sul punto di capitolare.

Nella cittadina piemontese il R.A.P. schierava a quella data il II Battaglione Arditi Fanti, la 2[a] Batteria del X Gruppo Speciale Artiglieria (non è chiaro se armata con obici da 75/13 o con cannoni da 75/27, poiché le fonti divergono), un Plotone di Cavalleria ed una sezione di 3 carri leggeri L3, per un totale di 487 uomini. Il piano di difesa della città da parte della guarnigione repubblicana fu imperniato su 3 capisaldi all'interno della città:

- il <u>Seminario Minore</u>, dove furono concentrati il Comando e la 5[a] Compagnia del II Battaglione Arditi Fanti del R.A.P., la I Sezione della 2[a] Batteria del X Gruppo Speciale d'Artiglieria, comandata dal sottotenente Petrelli, ed il nucleo corazzato della 1[a] Compagnia Carri Leggeri, dislocato in città;
- il <u>Convitto Civico</u>, dove si trovava l'8[a] Compagnia del II Battaglione Arditi Fanti, armata con 6 mortai e numerose mitragliatrici pesanti e leggere;
- la <u>Caserma Govone</u>, dove si erano stabiliti la I Sezione della 2[a] Batteria del X Gruppo Speciale d'Artiglieria, il personale dell'Ufficio presidio ed il Plotone dello Squadrone Autonomo di Cavalleria, privo però delle cavalcature, che erano state ricoverate in un altro edificio in città.

La difesa esterna di Alba era articolata su di una serie di 5 presidi, detti "posti di blocco", posti alle porte della città, che avevano il compito di formare una sorta di cintura intorno al centro abitato:

- <u>Porta Cherasca</u> (Squadrone Autonomo di Cavalleria): investito da un intenso attacco sin dall'inizio dell'azione offensiva partigiana, resistette senza perdite fino alle 12, quando ricevette l'ordine di ripiegare sul Seminario Minore;
- <u>Porta Piave</u> (Artiglieria); ripiegò all'inizio dei combattimenti, di prima mattina, sulla caserma Govone;
- <u>Porta Vivaro</u> (5ª Compagnia): fu fatto sgomberare dal Comando già durante la notte del 14, data la posizione praticamente indifendibile;
- <u>Porta Tanaro</u> (8ª Compagnia): fu subito investito da un violento attacco, poiché si trovava esposto all'ingente massa di partigiani concentrati sulle rive del fiume Tanaro. Il posto di blocco, comandato dal sottotenente Saviano, dovette ripiegare verso la caserma Govone, già intorno alle 7 del mattino, dopo avere perso 2 sottufficiali e 2 arditi;
- <u>Porta Savona</u> (5ª Compagnia): comandato dal sottotenente Pierani, fu investito dall'attacco partigiano alle 6 e mezza. Colpi di lanciagranate e di fucili mitragliatori Bren, sparati da distanza ravvicinata, danneggiarono le postazioni difensive, che erano state apprestate, permettendo ai partigiani di circondare il caseggiato, dove erano asserragliati i soldati repubblicani. I partigiani, dopo avere chiesto inutilmente per 3 volte ai repubblicani di arrendersi, inviarono due parlamentari per intavolare delle trattative, ma il sottotenente Pierani, nonostante fosse ferito gravemente in più parti del corpo, rifiutò di cedere le armi. I partigiani allora ripresero l'attacco con maggiore intensità; Pierani a questo punto fece evacuare i civili dal caseggiato dove si trovava lui con i suoi uomini del II Battaglione Arditi, lasciando, allo stesso tempo, il comando al caporale Magni, a causa della gravità delle sue ferite. Intorno alle 11.45, dai partigiani vennero nuovamente inviati due civili a parlamentare: dopo oltre 5 ore di feroce combattimento, i 12 militari repubblicani erano allo stremo e, dopo una breve trattativa, decisero di arrendersi, con la garanzia di avere salva la vita.

L'attacco partigiano fu intenso e prolungato e, con la caduta del posto di blocco di Porta Savona, la situazione stava diventando sempre più critica per le forze armate repubblicane: analizziamo ora la situazione dei tre capisaldi.

Intorno a mezzogiorno i partigiani inviarono una richiesta di resa alla caserma Govone, per mezzo del giovanissimo cavaliere Ermete Amadini, che era stato fatto prigioniero insieme ad un compagno ed a tutti i quadrupedi del Reparto Autonomo Cavalleria, nelle scuderie dove erano state ricoverate le cavalcature; la resa fu però rifiutata.

La situazione presso il Seminario Minore era meno difficile: dopo essere stati sottoposti ad intenso fuoco di armi automatiche, mortai e lanciagranate inglesi e cannoni da 47, posizionati sulle colline, i militari repubblicani iniziarono un nutrito bombardamento di risposta, con i mortai da 45 ed i cannoni da 75/13, fuoco che obbligò i partigiani a ritirarsi su posizioni più sicure.

Anche l'"8ª Compagnia, comandata dal capitano Arturo Cingano, si trovava in grosse difficoltà, tanto che verso le 10.00 fu inviata una missione di soccorso composta da uomini del Plotone Comando e della 5ª Compagnia, che trovarono una situazione quasi compromessa e numerosi feriti. I partigiani, dopo aver occupato il prospiciente Seminario Maggiore, da cui battevano con fuoco intenso e continuo il Convitto, dove era asserragliata l'"8ª Compagnia, tentarono di sfondare la difesa dei repubblicani. Solo intorno alle 13.00 i militari del II Battaglione Arditi riuscirono a riequilibrare almeno in parte la situazione.

L'intervento del II R.A.U., che arrivò in soccorso da Torino con l'appoggio di un carro L3, però fu risolutivo. Coadiuvati dal carro L della Compagnia Corazzata, gli ufficiali tentarono di attaccare dall'esterno le forze partigiane, guadando il fiume Tanaro. La manovra, simile a quella compiuta in autunno, servì a rompere l'accerchiamento dei partigiani, che furono così messi in fuga. Il carro armato L3 fu però perso in questo tentativo perché si incagliò nel tentativo di guadare il fiume Tanaro. Da Bra, giunse un'altra colonna composta da uomini del I Reparto Arditi Ufficiali, da due Plotoni della "Decima", una sezione d'artiglieria, 4 carri L3, un'autoprotetta, un motociclista esploratore ed una stazione radio R.F.5. Un carro armato L3 del presidio cittadino si bloccò per scingolamento, mentre pattugliava il perimetro di Alba; il mezzo fu presto circondato da partigiani, il capocarro sottotenente Vari uscì dal carro, aprendosi la strada sparando con la sua pistola, e tentò di rientrare in caserma, ma, bloccato da altri partigiani, fu ferito mortalmente al volto. Il pilota del carro, caporalmaggiore Cacciotti, rifugiatosi in una casa, fu presto raggiunto e fucilato.

Solo verso le 17.00 le forze armate repubblicane ripresero completamente il controllo della situazione e poterono iniziare a rastrellare l'intero centro abitato, in cerca di eventuali residui nuclei di partigiani.

Al termine della relazione del I R.A.U., inerente ai fatti del 15 aprile, si legge che "*Verso l'imbrunire si poteva stabilire che il presidio di Alba si era asserragliato nelle 2 caserme e che i Ribelli, con l'arrivo della colonna su posto, ripiegavano evacuando completamente la città*". Indubbiamente l'arrivo dei rinforzi repubblicani fu risolutivo, ma, sull'esito dell'attacco partigiano, pesò anche la decisione di escludere dall'operazione le formazioni garibaldine presenti in zona, esclusione fortemente voluta dai comandi alleati. In assenza di queste due condizioni, con ogni probabilità, le forze armate partigiane sarebbero riuscite nell'impresa ed avrebbero occupato e tenuto Alba sino alla fine della guerra. L'operazione si rivelò, in ogni caso, un successo dal punto di vista tattico e dimostrò anche il buon livello di efficienza raggiunto dalla Resistenza nel gestire i collegamenti tra le diverse unità impiegate.

Le forze repubblicane presenti ad Alba registrarono, in quel giorno le seguenti perdite: 8 morti, 17 feriti e 17 dispersi. Nello specifico i caduti furono:

- 5ª Compagnia
    - ardito Mezzetti Giacomo
    - tenente Moltrer Mario
- 8ª Compagnia
    - sergente Carrino Norberto
    - caporalmaggiore Colombo Enrico
    - sergente Martini Egidio
    - ardito Pedrali Giulio

- Sezione Carri Armati
    - caporalmaggiore Cacciotti Gabriele
    - sottotenente Vari Ardenio

Le perdite partigiane furono di cinque caduti e 16 feriti e nello specifico i caduti furono:
- Brigata "Belbo"
    - Valerio Boella "Walter"
    - Marcello Montersino "Job"
    - Romano Scagliola "Diaz"
- Xª Divisione "Giustizia e Libertà"
    - Albino Mereu "Albino"
    - Oronzo Solazzo "Oronzo"

In seguito a questo episodio fu rafforzata la presenza dei militari del Raggruppamento Anti Partigiani ad Alba, dislocando in città anche il III Battaglione Arditi Alpini.

Gli avvenimenti stavano però ormai precipitando: sfondata la Linea Gotica gli Alleati dilagavano nella Pianura Padana. Il presidio di Alba fu nuovamente attaccato il 26 aprile e la guarnigione repubblicana si arrese dopo 2 giorni di resistenza agli attacchi portati dai partigiani della IIª Divisione "Langhe" e della 21ª Brigata Matteotti; i militari, dopo la resa, subirono la rabbia dei partigiani. Le formazioni partigiane però oltrepassarono in fretta la città: dopo diciotto mesi di lotta clandestina la guerriglia puntava decisamente sulle grandi città già in sommossa. Il maggiore Gagliardo Gagliardi, comandante del II Battaglione Arditi Fanti, ed il capitano Amleto Rossi, comandante della 5ª Compagnia dello stesso Battaglione, furono processati il 30 aprile 1945 e fucilati il 2 maggio presso il cimitero della stessa città di Alba.

Appendice: la relazione sulla battaglia del 15 aprile 1945, redatta dal comandante del II Battaglione Arditi Fanti del R.A.P.

Per approfondire lo svolgersi degli eventi che caratterizzarono l'attacco che le forze partigiane portarono alla guarnigione repubblicana di Alba, riportiamo il testo integrale della relazione scritta dal maggiore Gagliardo Gagliardi, comandante del II Battaglione Arditi Fanti del Raggruppamento Anti Partigiani. Abbiamo ritenuto opportuno riprodurre il testo di questo documento, poiché racconta con dovizia di particolari lo svolgersi dei fatti, sottolineando quanto le forze della R.S.I. si trovarono in difficoltà per lunghe ore, tanto da essere più volte sul punto di capitolare. Nel capitolo dedicato ai reparti schierati ad Alba in quel fatidico 15 aprile 1945, sono inoltre riportate le relazioni dei comandanti delle singole Compagnie del II Battaglione Arditi Fanti e del comandante della Sezione Carri Armati., per fornire la visione di dettaglio di ciascuna unità impiegata nella battaglia.

"II BATTAGLIONE ARDITI R.A.P.
COMANDO
N.218/OP di prot.
P.d.C. 841 il 20 aprile 1945/XXIII

Oggetto: Resistenza del Presidio Militare di Alba all'attacco partigiano del 15 aprile 1945.

Al Comando R.A.P.
P.d.C. 841

La sera del 14 aprile fonte fiduciaria informativa comunicava che nella notte sul 15 i partigiani avrebbero tentato di occupare la città di Alba.
Le prime notizie pervenute segnalavano un forte ammassamento di fuori-legge, di circa un migliaio, in frazione Gallo e cioè a circa 9Km. da Alba.
Ulteriori notizie segnalavano forti ammassamenti sulle alture circostanti il Presidio, con prevalenza in zona Madonna di Como.
Provvedevo ad impartire gli ordini ai comandanti di reparto e a costituire le difese per ogni accantonamento e posto di blocco.
Una Sezione di Artiglieria, comandata del S. Ten. Pedrelli Eugenio, si trasferiva nell'accantonamento del Seminario Minore, mentre la Cavalleria, a completo degli uomini, ripiegava nella Caserma Govone, lasciando nelle scuderie i quadrupedi con relativa guardia.
Il Presidio veniva così a costituirsi su tre capisaldi:
Seminario Minore: accantonamento 5ª Compagnia, Comando, nucleo corazzato e Sezione Artiglieria;
Convitto Civico: accantonamento dell'8ª Compagnia;
Caserma Govone: Sezione Artiglieria, Cavalleria appiedata, personale dell'Ufficio Presidio oltre a quattro posti di blocco, avendo provveduto a far ripiegare quello di Via Vivaro meno difeso per la sua posizione sfavorevole.
In ogni caposaldo i Comandanti di Reparto fissavano ai plotoni i settori di difesa, rinforzando le postazioni delle armi automatiche e conseguente sorveglianza alle postazioni stesse.
La notte trascorreva calma.
All'alba, verso le ore 6, i tre uomini del Plotone Comando, in servizio alla Centrale automatica telefonica scorgevano davanti alla porta principale della centrale stessa una bomba ad orologeria, che facevano saltare provocando l'allarme al Presidio e preludendo l'attacco che era stato stabilito dal nemico con lo scoppio dell'ordigno, Un altro scoppio improvviso causava la mancanza totale di luce elettrica.
Alle ore 6.12, da parte nemica, iniziava l'attacco con intenso fuoco di artiglieria, armi automatiche, leggere e pesanti, che investivano contemporaneamente i capisaldi.
Le forze avversarie erano così dislocate:
Settore del fiume Tanaro (sulla sponda idrografica desta);
Colline fronteggianti Porta Cherasca;
Madonna della Moretta (pressi Cascina Miroglio);
Zonda del Cimitero di Alba.
Il nemico, sfruttando i punti deboli della difesa, penetrava in città da Via Vivaro e Istituto S. Paolo.
Causa danneggiamento provocato alla S.T.I.P.E.L., venivano a mancare completamente i collegamenti fra i capisaldi; successivamente, ore 7.50, un guasto alla radio troncava le comunicazioni con il Comando Superiore.

Resistenza dei posti di blocco.

Porta Cherasca (servizio disimpegnato dal distaccamento dello Squadrone Autonomo di Cavalleria). Il posto di blocco all'inizio dell'attacco fu investito da un intenso fuoco di armi automatiche, sistemate in postazioni nei pressi del mulino e nel prospicente caseggiato. Il nemico, tentando di neutralizzare la difesa, piazzò a ridosso del caposaldo un lancia-granate, danneggiandolo seriamente; ciononostante, il personale di servizio riusciva a risistemare le armi automatiche ed a concentrare il fuoco sul tiratore del lancia-granate, che veniva eliminato. Successivi attacchi venivano respinti validamente e la posizione fu mantenuta, senza perdite, sino alle ore 12, quando cioè ricevette l'ordine, a mezzo staffetta, di ripiegare negli accantonamenti della 5ª Compagnia.

Porta Savona (servizio disimpegnato da una squadra della 5ª Compagnia). Alle ore 6.30 circa iniziava l'attacco contro il posto di blocco a distanza ravvicinata. Sei colpi di lancia-granate smantellavano fin dai primi minuti gli apprestamenti difensivi del caposaldo.

Il nemico, appoggiato dal fuoco di fucili mitragliatori Bren, sia dal Viale della Moretta, sia dal canalone della Ferrovia, riusciva a circondare il caseggiato. Tre intimazioni di rese venivano inviate ai nostri uomini: le risposte furono raffiche di fucili mitragliatore e di armi individuali.

I ribelli, vista l'inutilità dei loro sforzi, inviavano due borghesi a patteggiare: il S. Ten. Pierani Giovanni comandante del posto di blocco, ferito all'inguine, ad ambedue le cosce e ad un braccio continuava ad incitare gli uomini ed a rifiutare la resa.

All'esortazione di alcuni abitanti il caseggiato di desistere all'impari lotto, l'ufficiale rispondeva di essere uomo d'onore e di non cedere fino a che avesse avuto munizioni.

I partigiani facevano saltare il portone con mine plastiche e si lanciavano per le scale: uno veniva colpito con una pugnalata da un nostro ardito, un altro cadeva crivellato da colpi; il nemico ripiegava con diversi feriti.

Il fuoco si riaccese rabbioso; il S. Ten. Pierani accettava che i civili sloggiassero dal caseggiato e con i suoi uomini li aiutò a mettersi in salvo.

Furono fatte altre intimazioni di resa con la minaccia che avrebbero fatto saltare il caseggiato con la dinamite: la risposta fu sempre negativa.

Il S. Ten. Pierani, non potendo più dirigere gli uomini per impossibilità fisica, dava la direzione del caposaldo al Caporale Magni.

Alle ore 11.45, dopo più di cinque ore di resistenza, un capo banda, certo Mario, mandava due civili a parlamentare; il S. Ten. Pierani, rimasto con quattro caricatori, dichiarava che avrebbe parlamentato solo alla condizione che il partigiano si fosse presentato a lui disarmato cosa che il medesimo accettò presentandosi in una rigida posizione di saluto ed elogiandolo con tutti i soldati che avevano con onore resistito in dodici contro più di duecento.

Il comandante del posto di blocco chiedeva:
- onore delle armi per tutti gli uomini;
- intangibilità delle persone;
- continuare a vestire la divisa dell'esercito Repubblicano e rimanere uniti in campo di concentramento;
- adeguato nutrimento degli stessi.

Accettate queste condizioni da ambedue le parti, il S. Ten. Pierani usciva dal posto di blocco alla testa dei propri uomini armati ed in perfetto ordine e sfilava di fronte al nemico sino all'angolo di via S. Paolo, nel qual punto gli uomini depositarono le armi, mentre l'ufficiale conservava la pistola.

Il capo partigiano che aveva firmato la resa ed il comandante dell'operazione ad Alba, si congratularono con l'ufficiale e lo sorreggevano per le sue ferite che gli impedivano di camminare.

Porta Piave (servizio disimpegnato dall'artiglieria), data la dislocazione di questo posto di blocco i componenti ripiegavano alle prima avvisaglie di fuoco alla caserma Govone.

Porta Vivaro (servizio disimpegnato dalla 5ª Compagnia), come precedentemente detto, tale posto di blocco veniva sguarnito la sera del 14.

Porta Tanaro (servizio disimpegnato dalla 8ª Compagnia), la situazione del posto di blocco veniva a trovarsi in condizioni precarie dato il forte ammassamento di partigiani che dalla riva del Tanaro tentavano di occuparlo, sottoponendolo a violento fuoco di armi automatiche e lancia-granate.

Verso le ore 7 il personale, al comando del S. Ten. Saviano, iniziava il ripiegamento rientrando all'accantonamento con le seguenti perdite:

- serg. A.U. Carrino Norberto
- ardito Pedrali Giulio
- ardito Benedetti Giuseppe
- serg. A.U. Martini Egidio
- ardito Dotti Costantino

I due sottufficiali venivano catturati nei pressi della Piazza del Duomo e successivamente trucidati con un colpo alla nuca, mentre il Pedrali, porta treppiede della mitraglia pesante, veniva colpito mortalmente.

Il Dotti colpito ad entrambe le gambe, veniva in seguito ritrovato al locale ospedale civile, dove era stato trasportato dal sottufficiale dei vigili del fuoco di Alba, certo Roggiero; il Benedetti invece poteva raggiungere l'accantonamento, benché colpito alla regione lombare.

Caposaldo Caserma Govone:

- sistemato a difesa, il personale di servizio respingeva tenacemente gli attacchi, mentre la sezione di artiglieri ed il mortaio della cavalleria battevano i punti dove maggiormente si notava il concentramento avversario.

La situazione, già preoccupante per quanto riguardava l'intenso fuoco nemico si faceva più critica dato il continuo assedio avversario, si acuiva con la caduta del posto di blocco di porta Savona e la mancanza assoluta di collegamenti.

Merso le ore 12 a mezzo del balilla della cavalleria, Amadini Ermete (che assieme ad altro suo compagno era stato catturato nelle scuderie dove erano ricoverati i quadrupedi della cavalleria, quadrupedi prelevati dai partigiani) i fuori legge intimavano la resa che veniva decisamente rifiutata nonostante fosse loro comunicato che tutte le forze de presidio erano state sopraffatte e distrutte. Il balilla, invitato a rimanere in caserma, rispose che aveva dato la sua parola d'onore di ritornare ed anche per salvare il suo compagno minacciato di fucilazione qualora fosse mancato il suo rientro.

Le prime notizie pervenivano al caposaldo, quando un carro "L" potette raggiungerlo verso le ore 16, ora in cui la pressione nemica era ridotta.

Per tutta a durata dell'attacco la caserma Govone fu sottoposta oltre che al fuoco delle armi automatiche, al lancio di granate incendiarie e bombe di mortaio da 45.

Le perdite sono state in due feriti leggeri:

art. Caprino Mario, caval. Gherardi Angelo.

Lo Squadrone Autonomo Cavalleria perdeva, oltra ai due militari catturati, Cav. Amadini Ermete e Can. Polloni Silvio, 36 cavalli, due muli, un carro bagaglio tutto il materiale di selleria, 3 moschetti.

Uomini e materiali, questi, che non facevano parte del caposaldo Govone.

Capisaldi Seminario Minore e Convitto Civico

Sin dai primi minuti di fuoco delle postazioni della 5ª Compagnia partì un preciso ed aggiustato tiro di armi automatiche che conteneva l'avversario sulla sponda destra del Tanaro infliggendo sensibili perdite tanto da farlo desistere dall'intenzione di investire l'accantonamento e permettendo al personale del Posto di blocco di Porta Tanaro di ripiegare.

Il fuoco avversario batteva il cortile della Caserma rendendo difficile la manovra dei pezzi di artiglieria e l'entrata in azione dei carri armati.

Verso le ore 7 l'accantonamento veniva sottoposto al bombardamento da parte di lancia granate inglesi, mortai da 55, cannoni da 47 che erano piazzati sulle colline della Cherasca.

Si poteva controbattere questo fuoco con i mortai da 45 ed i pezzi da 75/13, costringendo l'avversario ad abbandonare la lotta.

La situazione della 5ª Compagnia veniva a normalizzarsi mentre invece quella dell'8, situata nel convitto civico, diventava precaria, tanto che verso le 10 del mattino uscivano dal Seminario Minore due squadre, una della 5ª Compagnia ed una del Plotone Comando, per rendersi conto di quanto accadeva. Con l'occasione il Ten. Medico Colucci Amedeo si portava alla sede dell'8ª per prestare le prime cure a diversi feriti, compreso il Comandante, Cap. Cingano Arturo, il quale era ferito in più parti in seguito allo scoppio di un lancia granate; mentre il geniere Bruno si univa alle de squadre per la ricerca di un radio montatore civile onde riparare l'apparecchio radio che non era in condizioni di poter trasmettere col Superiore Comando.

Il Seminario Maggiore, la cui facciata dà nel cortile del Collegio Civico, era stato occupato da un forte nucleo di partigiani i quali sottoponevano il cortile stesso ad intenso fuoco di armi automatiche, neutralizzando così l'impiego dei mortai da 81 che erano piazzati nel cortile per battere le zone prospicienti ai posti di blocco.

La situazione, resa più critica per il continuo progresso del nemico che tentava di occupare i locali del Convitto, passando per la Chiesa adiacente, determinava il ripiegamento di tutta la compagnia nei locali dell'ingresso, il quale veniva sottoposto a concentrico fuoco di lancia-granate.

Verso le ore 13, riuscito a metter in efficienza le due mitragliatrici pesanti ed un mortaio da 81, con il sacrificio della vita del Cap. Magg. Colombo Enrico, il quale si era offerto volontario per ritirarlo dal cortile, il fabbricato dov'erano sistemati i partigiani, veniva ad essere fortemente battuto tanto da normalizzare, in parte la situazione dell'8ª Compagnia.

La squadra del Plotone Comando, scortando il Medico, rientrava a Seminario Minore, men-

tre la squadra della 5ª Compagnia, comandata dal Ten. Marquez Giovanni, tentava la ricerca del radio-montatore per poi spingersi alla Caserma Govone.

Nel centro della città detta squadra veniva investita da raffiche di Bren e Sten da parte di nuclei avversari sistemati in abitazioni, tanto da rendere impossibile il proseguimento del compito anche per aver subito due perdite in feriti: Geniere Bruno Giovanni, Cap. Porro Luigi.

Il Ten. Marquez si dispone a difesa in un caseggiato barricandone le vie di accesso e sgombrandolo dai civili. Successivamente individuato da squadre partigiane, che gli intimavano la resa, rifiutava investendo l'avversario con il fuoco delle armi individuali, causando la morte di quattro fuori-legge.

La squadra si sganciava verso le ore 17 e cioè a pressione ultimata, raggiungendo la Caserma Govone e rastrellando i primi sobborghi della città.

Un Plotone della 5ª Compagnia, al comando del Ten. Moltrer Mario, verso le ore 14, a richiesta del Comandante dell'8ª Compagnia, attacca alle spalle il Seminario Maggiore, per snidare definitivamente il nucleo avversario colà sistemato. Il compito veniva condotto a termine, il Plotone rientrava al completo dopo aver rastrellato tutta la zona.

Alle ore 16, circa, per la pressante richiesta d'aiuto della Compagnia, nuovamente assediata nei suoi accantonamenti, il Plotone del Ten. Moltrer Mario ritornava in soccorso; nei pressi di Piazza del Duomo quattro granate nemiche giungevano improvvisamente che investivano il Plotone stesso ed il Ten. Moltrer Mario trovava la morte unito al bersagliere Mezzetti Giacomo, mentre il S. Ten. Giliberti Pietro rimaneva ferito agli arti inferiori.

Sin dalle prime ore del mattino due Carri "L" tentavano di raggiungere la Caserma Govone e di portare aiuto ai posti di blocco, onde permettere il ripiegamento; dei due carri uno solo rientrava, informando di aver potuto raggiungere soltanto piazza Savona, dove era stato fatto segno a gran numero di armi automatiche individuali alle quali non ha potuto reagire per l'inefficienza momentanea delle armi di bordo. Lungo la strada erano state poste delle mine plastiche.

L'altro carro armato, per un guasto ai cingoli, rimaneva bloccato; l'equipaggio composto dal S. Ten Vari Ardemio e dal Cap. Magg. Cacciotti Gabriele, usciva dal carro stesso per effettuare la riparazione. Mentre l'Ufficiale si trovava abbassato nel tentativo di rimetterlo in efficienza, veniva mortalmente colpito ed il graduato, con la mano destra nettamente asportata, riparava in un'abitazione civile, dove gli venivano praticate le prime cure. Individuato, all'intimazione di resa rispondeva con il lancio di una bomba a mano che causava la morte a due partigiani.

Successivamente catturato, ed in condizioni da non poter opporre resistenza, veniva trucidato.

Verso le ore 17 a situazione generale cominciava a normalizzarsi, tanto da permettere l'impiego dei due carri e di alcuni plotoni per il rastrellamento dell'abitato di Alba.

Ormai il nemico aveva ripiegato, avendo avuto sentore dell'immediato arrivo dei rinforzi e circa un'ora dopo poteva ben dirsi che la zona circostante la città era stata sgomberata.

Alle ore 23 si effettuava il primo radiogramma al Comando Superiore in maniera tale da ottenere i rinforzi che sopraggiungevano il mattino successivo.

La notte è trascorsa calma.

Nel complesso l'azione si è conclusa con le seguenti perdite:

Morti: 2 Ufficiali, 2 Sottufficiali, 4 Truppa
Feriti: 3 Ufficiali, 2 Sottufficiali, 12 Truppa (due gravi)
Dispersi: 1 Ufficiale, 1 Sottufficiale, 15 Truppa
Quadrupedi: 36 cavalli, 2 muli.

Armamento
2 Mitragliatrici pesanti installate sul carro "L"
1 fucile mitragliatore, al posto di blocco di Porta Savona
5 mitra automatici
6 pistole
20 moschetti mod. 91
Armamento, in prevalenza, in dotazione a militari dispersi e deceduti.

Materiale vario
È andato perduto il corredo ed equipaggiamento dei dispersi, un carro bagaglio, tutto il materiale di selleria dello Squadrone Autonomo Cavalleria.

Perdite inflitte al nemico
Da informazioni assunte le forze partigiane erano guidate da ufficiali inglesi che avevano fissato il Comando a Cascina Rocca e Cascina Giovin, sulle colline ad est di Alba ed avevano predisposto due gruppi di soccorso, smistamento e concentramento morti e feriti.
Il primo gruppo al Cimitero di Alba ha smistato, tra morti e feriti, 74 persone.
Per il secondo centro, a Madonna degli Angeli, si hanno due versioni discordi una che fissa la cifra degli smistati a 208, mentre la seconda asserisce che il capo gruppo che dirigeva lo smistamento ha segnalo la cifra di 183 individui.
Sono esclusi da questo conteggio quelli del settore Tanaro che sono stati smistati in zona Mussotto, quelli caduti nel Tanaro stesso e quelli ritrovati sulle sue sponde.
In totale, senza tema di sbagliare, si può affermare che le perdite inflitte al nemico si aggirano sui 150 morti e 300 feriti circa.
Materiale recuperato:
3 fucili Vetterling
6 caricatori completi per mitragliatore Bren
1750 cartucce per detto
13 caricatori per mitragliatore Breda
8 granate inglesi
2 canne di ricambio per mitragliatore Bren
1 fucile mod. 91
vari caricatori per armi 91
30 bombe tipo S.I.PE.

Comportamento della truppa: encomiabile.
Condizioni atmosferiche: temperatura mite e cielo sereno.

Il Comandante del Battaglione
magg. Gagliardo Gagliardi"

▲ Immagini dei funerali tenutisi ad Alba il 3 settembre 1944 di due caduti dei "Cacciatori degli Appennini" del locale presidio repubblicano (da "Acta").

▼ Militari della Guardia nazionale Repubblicana e del Battaglione Granatieri del C.A.R.S. durante la cerimonia funebre (da "Acta").

▲ I due caduti, il tenente Ragazzini del III Battaglione G.N.R e del Granatiere Abiuso del I Battaglione "Granatieri di Sardegna", erano stati colpiti in due distinti agguati (da "Acta").

▼ Il corteo funebre lascia il Duomo di Alba (da "Acta").

▲ Alpini del Battaglione "Cadore" durante la permanenza in Piemonte. Il "Cadore" era stato aggregato al Centro Addestramento Reparti Speciali, per essere impiegato nella lotta antipartigiana ed era stato posto a presidio della città di Alba (Archivio Divisione "Monterosa").

▲ Il comandante partigiano Enrico Martini detto "Mauri", uno degli artefici dell'occupazione di Alba e della costituzione della Repubblica Partigiana.

▼ Partigiani nella città di Alba, dopo l'abbandono della guarnigione della Repubblica Sociale.

▲ Automezzi dei partigiani delle bande del comandante Mauri ad Alba, durante il periodo della "Repubblica di Alba". In primo piano una FIAT 508 ed un autocarro FIAT 626, presumibilmente entrambi sottratti a reparti tedeschi; a destra si intravede un'autocisterna su Lancia 3 RO (Manes).

▲ Mauri, al centro con un mitra Thompson, a colloquio con alcuni partigiani in Piazza Savona ad Alba subito dopo l'entrata in città delle forze della Resistenza nell'Ottobre 1944 (Manes).

▲ Gruppo di militari dei Reparti Arditi Ufficiali durante un'azione controbanda: gli uomini del I e del II R.A.U. furono tra i protagonisti della ripresa di Alba del 2 novembre 1944 (Gallesi).

▼ Una squadra di ufficiali dei R.A.U. durante un'azione di rastrellamento in Piemonte; interessante notare come il primo a sinistra abbia in dotazione un mortaio d'assalto Brixia da 45 mm (Gallesi).

▲ Altri elementi dello stesso reparto dei Reparti Arditi Ufficiali in Piemonte: indossano tutti capi mimetici speciali, realizzati con tessuto italiano M29 ed hanno armi automatiche, adatte al combattimento ravvicinato (Gallesi).

▼ Un carro armato leggero L3 del Raggruppamento Anti Partigiani appoggia elementi di un Reparto Arditi Ufficiali in Piemonte (Gallesi).

▲ Una fotografia, proveniente dalla stessa serie delle precedenti, che ritrae un militare dei Reparti Arditi Ufficiali con la tuta mimetica, distribuita agli Arditi per operare in maggiore sicurezza durante le operazioni controguerriglia (Gallesi).

RICEVUTO PER TELESCRIVENTE

SSS MADERNO DA TORINO 2073 207 2 2300
- ENTE AUTORIZZATO -
PREFETTO TASSINARI SEGRETERIA DEL DUCE MADERNO

STAMANE DOPO FATICOSA PREPARAZIONE DOVUTA TOTALE MANCANZA PONTI SUL TANARO SI EST INIZIATA NOTA AZIONE DOPO PREPARAZIONE ARTIGLIERIA ET TRAGHETTO TANARO LA CITTA' DI ALBA EST STATA CONQUISTATA ASSALTO VERSO ORE 14 REPARTI PARTECIPANTI BRIGATA NERA DI CUNEO BRIGATA NERA CAPELLI DI TORINO REPARTO CORAZZATO LEONESSA DELLA GNR REPARTO DELLA GNR DI TORINO ET CUNEO BATTAGLIONE LUPO FULMINE ET GRUPPO ARTIGLIERIA DELLA DECIMA MAS REPARTI DELL'ESERCITO REPUBBLICANO ET ARDITI UFFICIALI TORINO COMANDANTE MILITARE DELL'AZIONE TENENTE COLONNELLO RUTA PERDITE TRE MORTI DUE CAPELLI TORINO DI CUI UN UFFICIALE UNO DELLA DECIMA MAS DIECI FERITI DI CUI CINQUE DELLA DECIMA MAS DUE CAPELLI TORINO DUE REPARTI ARDITI UFFICIALI UNO LEONESSA GNR GIORNI PRECEDENTI IN RICOGNIZIONE UN CADUTO ET DUE FERITI DI CUNEO RISULTATI CONQUISTA DELLA CITTA' OCCUPATA DA OLTRE MILLE DEL GRUPPO MAURE MUNITI DI ARMI PESANTI ET MORTAI RIBELLI UCCISI 29 ACCERTATI SUL POSTO ET 20 INDIVIDUI RIBELLI FERITI CIRCA 80 CATTURATI UNA DECINA L'ALTRI IN FUGA DISORDINATA SONO ENTRATI IN CITTA' CON CAMERATI ZERBINO GALLARDO RONZA LAMATTI POLVANI FIANELLI GORI TEALDI ET ALTRI COMANDANTI AD ALBA ABBIAMO FATTO ISSARE SU CAMPANILE GAGLIARDETTO NERO DELLA RIVOLUZIONE PREGOTI RIFERIRE AL DUCE ENTUSIASMO DECISIONE FASCISTI PIEMONTESI

-DELEGATO PIEMONTE DOTTOR SOLARO -

▲ Telescritto con cui il Commissario Federale di Torino Giuseppe Solaro annunciò al Prefetto Tassinari, della Segreteria particolare del Duce, la riconquista di Alba da parte delle forze repubblicane il 2 novembre 1944.

Allegato n°5

REPARTI CHE HANNO PARTECIPATO ALLA LIBERAZIONE DI ALBA
NEI GIORNI 31 OTTOBRE - 3 NOVEMBRE 1944/XXII

	Ufficiali	Sottufficiali e truppa	ARMI FANTERIA					ARTIGLIERIA					
			Mortai 81	Mortai 45	Pezzi da 47	Mitragliatrici	Fucili mitragliatori	75/13	105	Anticarro	Mezzi protetti	Carri Armati	Autoblindo
R.A.P.													
Comando	5	10											
1° R.A.U.	110	11	2		2		2						
2° R.A.U. (1 pl.)	50												
X Btr. Sp.	5	52				2	3	4					
Bat.Cav.	2	35											
Elementi genio	1	10											
Xᵃ MAS													
Btg. LUPO	12	400	2	4	1	4	12						
" FULMINE	9	360				4	9	1					2
Btr. SAN GIORGIO	3	100							4				
Btr. DA GIUSSANO	2	100						4					
G.N.R. C.do Prov. Torino (compresi 11 elementi del Gr.Cor. Leonessa)	8	87	2			1	2			1		4 (L3) 1 (M13)	
G.N.R. C.do Cuneo	1	?				4	6						
Vigili Fuoco Torino	1	?											
Corpo Ausiliario B.N.	2	40											

▲ Trascrizione di un prospetto dell'Esercito Nazionale Repubblicano, che riporta in maniera sintetica le unità repubblicane che presero parte ai combattimenti per la rioccupazione di Alba all'inizio di novembre del 1944. È interessante notare come per ogni unità siano indicati, non solamente la consistenza numerica degli uomini, ma anche il dettaglio dell'armamento. Non è chiara la presenza di due autoblindo per il Battaglione "Fulmine" della X MAS (che in realtà disponeva solamente di un mezzo blindato artigianale), mentre non viene menzionato il carro L6/40 del Battaglione "Lupo", che fu fotografato al termine degli scontri all'interno della città piemontese.

▲ Un reparto di un R.A.U. in marcia durante un'azione di rastrellamento in Piemonte Tutti i militari indossano combinazioni mimetiche in tessuto modello 1929 ed hanno armi automatiche, adatte al combattimento ravvicinato (Viziano).

▼ Per muoversi in sicurezza nelle zone dove più massiccia era la presenza partigiana, era uso tenere una mitragliatrice pronta al fuoco sul tetto della cabina degli autocarri, come nel caso di questo Lancia RO di probabile provenienza civile impiegato dal Raggruppamento Anti Partigiani. Il veicolo è dipinto in color sabbia, mimetizzato con piccole macchie, probabilmente verdi ed è armato con un fucile mitragliatore Breda (Viziano).

▲ Marò della 1ª Compagnia del Battaglione "Fulmine" della Decima in attesa di traghettare il Tanaro, per prendere parte agli scontri ad Alba. Indossano quasi tutti l'uniforme mimetica, tipica dei reparti della X MAS (Panzarasa).

▼ Alcuni uomini del 3° Plotone della 1ª Compagnia del Battaglione "Fulmine" fotografati al termine degli scontri ad Alba il 2 novembre 1944. Al centro con il berretto a busta, il comandante del Plotone, guardiamarina Enzo Fumagalli, alla cui destra si vede la signora Ebe Orrù, moglie del comandante del Battaglione tenente di vascello Giuseppe Orrù (Panzarasa).

▲ Lungo questa autocolonna, ripresa in Piemonte nel novembre 1944, si può vedere l'autoblinda artigianale del Battaglione "Fulmine" della X MAS, che sarebbe stata impiegata anche durante la presa di Alba, senza prendere però parte agli scontri (Panzarasa).

▼ Carro armato L6/40 del Battaglione "Lupo" della Decima MAS, fotografato al termine degli scontri con cui le forze fasciste ripresero la città di Alba all'inizio di novembre del 1944; nella fotografia il carro appare privo del cannone da 20 mm.

▲ Anche la Brigata Nera di Torino "Ather Capelli" prese parte alle operazioni ad Alba nel novembre 1944 con un suo contingente; nella foto un Plotone di Squadristi della Brigata Nera nell'estate del 1944.

▼ Elementi di un reparto della Polizia Repubblicana durante un'operazione antipartigiani in Piemonte nell'autunno del 1944. La questura di Torino fornì un Battaglione di Ausiliari durante gli scontri ad Alba (Arena).

LA SITUAZIONE DELLE FORZE PARTIGIANE NELLE LANGHE DALL'ESTATE 1944 AL MAGGIO 1945

Reparti Autonomi

Nella primavera del 1944 i distaccamenti autonomi al comando di Enrico Martini Mauri subirono un durissimo rastrellamento nelle Valli Casotto, Maudagna e Mongia che praticamente eliminò quasi al completo le forze del Maggiore.

Ad Aprile Mauri decise di trasferirsi nelle Langhe e stabilì che le prime azioni da compiere in quella zona fossero quelle di sabotaggio, recupero armi e colpi di mano, mentre in caso di attacco nemico le unità dovevano accerchiare e distruggere gli avversari solo se in piccolo numero.

Per quanto riguarda i reclutamenti Mauri li mise in mano ai capigruppo, in modo che potessero scegliere elementi di sicura fedeltà, tralasciando le possibili spie o infiltrati del nemico.

Nelle Langhe Mauri riuscì ad incontrare anche Ignazio Vian[15], che dopo la catastrofe in Val Corsaglia si era ritirato ad Alba, e da subito iniziò l'organizzazione di una nuova formazione grazie anche all'azione del capitano Icilio Ronchi Della Rocca[16] a Bra e del capitano Franco ad Alba.

Durante il mese di aprile la formazione di Mauri era ancora molto piccola ed effettuò poche azioni, anche a causa della drastica mancanza di munizioni ed armi.

Le sue unità erano strutturate come squadre volanti molto agili che vagavano per le Langhe. Nello stesso mese giunse anche la triste notizia dell'arresto di Vian, il quale era in missione a Torino e venne catturato grazie all'azione di una spia. Fu ucciso mediante impiccagione, dopo aver tentato il suicido, il 22 luglio a Torino insieme ad altri tre partigiani venendo poi decorato di Medaglia d'Oro al Valor Militare.

A Maggio Mauri decise di trovare una base stabile e con i suoi 50 uomini raggiunse un vecchio cascinale a Igliano, che venne adibito a Comando e difeso da un trincerone.

Già il 12 maggio la formazione ricevette un attacco da parte di unità della R.S.I. grazie all'azione di una spia che scoprì il Comando di Mauri.

Tre colonne della Legione Autonoma Mobile "Ettore Muti", rispettivamente guidate da Alessandro Bongi, Luciano Folli e Ampelio Spadoni, attaccarono i partigiani alle 6:45 ma i repubblicani non si aspettavano la presenza di un trincerone venendo così presi alla sprovvista e - dopo aver avuto due caduti[17] - si ritirarono senza infliggere nessuna perdita ai partigiani.

---

15 Ex sottotenente della Guardia alla Frontiera facente parte della *Banda Boves* che dopo la distruzione di essa si unì alle forze di Mauri nel febbraio 1944.
16 Icilio Ronchi della Rocca, classe 1910, ex capitano dell'arma d'artiglieria che operò nella zona di Bra da subito dopo l'armistizio
17 Mario Francesco Tedeschi, classe 1900, e Vito Diliberti, classe 1925 ed ex partigiano di Ceva. Tratto da M. Griner, "La "Pupilla" del Duce. La Legione autonoma mobile Ettore Muti", op. cit in bibliografia e da A. Conti, "Albo caduti e dispersi della Repubblica Sociale Italiana", op.cit. in bibliografia

Tra maggio e giugno l'unità di Mauri aumentò i suoi effettivi arrivando a circa 150 uomini mentre dai primi di giugno, precisamente dal 3/4, giunsero anche i primi rifornimenti dagli aviolanci alleati e di paracadutisti[18].

In questo periodo vi furono anche cambiamenti dal punto di vista organizzativo, nelle Langhe il capitano Franco prese il comando delle formazioni nei pressi di Alba, mentre Della Rocca mantenne il comando di quelle nel Braidese e tra i due operava una formazione agli ordini di Mario Lamberti[19].

Nella zona del Mangio fu costituita una formazione grazie all'unione delle forze di "Poli" e "Carletto" ed infine tra Cherasco e Narzole venne costituita una formazione di pianura agli ordini del Colonnello Ferrero.

Rinacquero anche le formazioni nelle valli abbandonate a marzo, "Martinengo"[20] ricostituì un'unità in Val Tanaro, il tenente Lulli[21] andò in Val Corsaglia - ma durante un viaggio a Milano venne catturato ed internato così il comando passò a Tozzi - mentre in Val Maudagna venne ricostituita un'unità da zero agli ordini di "Giacomino"[22].

Mauri, insieme ai comandanti dei vari distaccamenti, organizzò un'azione generale dando ordine di colpire e tenere occupate le forze repubblicane e tedesche in varie zone.

L'attacco scattò nella notte dell'11 giugno, la formazione di "Martinengo" rioccupò i forti del Col di Nava, quelle di Della Rocca e Franco interruppero le linee di comunicazione fra Bra ed Alba, Marco fece saltare la ferrovia tra Bra e Torino, infine, Pippo attaccò Ceva ma dovette desistere per la dura resistenza da parte degli uomini della "Ettore Muti".

Nel mentre Mauri, con i suoi uomini, avanzò verso Lesegno per recuperare i suoi genitori, che rischiavano di essere deportati in Germania, e per catturare il podestà del paese.

Appena giunto nel paese vennero sloggiati gli uomini della Legione Autonoma Mobile "Ettore Muti", che si rifugiarono nel castello del paese; nello scontro vennero catturati due militi, un partigiano disertore e uccisi 4 appartenenti al Partito Fascista Repubblicano, ma non venne catturato il podestà, perché la sua dimora era ben difesa.

Durante il trasferimento verso Cigliè Mauri riuscì a ritrovare Mario Bogliolo[23], scomparso dal rastrellamento di marzo, il quale era fuggito in Liguria e poi si era trasferito nella zona di Como. Appena venne a sapere che Mauri era sopravvissuto al rastrellamento si era spostato immediatamente verso le Langhe.

Nei giorni dopo l'attacco affluirono nuovi volontari nelle formazioni di *Mauri* ma questo aveva anche portato l'unità all'attenzione degli italo-tedeschi che il giorno 21, partendo da

---

18 Mauri dichiara che i primi furono Gentile Francesco, capo missione, Scudeller Giovanni "Leone" e Cingolani Marcello "Marcellino", i quali vennero paracadutati con la Missione HHH il 3 giugno 1944. Nella realtà la prima missione raggiunse Cuneo e Mondovì ai primi di Febbraio 1944, dopo essere sbarcata in Liguria; formavano la missione "Charterhouse" il Sottotenente Italo Cavallino Sirio, il Sottotenente Nino Bellegrandi "Annibale" e il Comune di 1ª Classe Secondo Balestra Biagio. Tratto da "Le missioni alleate e le formazioni dei partigiani autonomi nella Resistenza piemontese: atti del Convegno internazionale: Torino, 21-22 ottobre 1978", op. cit. in bibliografia.
19 Classe 1915, ex sottufficiale della Regia Aeronautica.
20 Eraldo Hanau, classe 1905.
21 Folco Lulli, classe 1912, durante la guerra di Etiopia fu comandante di una banda irregolare maturando poi idee antifasciste. Dopo l'armistizio divenne partigiano nella formazione di Mauri, venendo poi catturato e deportato dai tedeschi. Nel dopoguerra divenne un attore e doppiatore.
22 Giacomino Curreno "Gimmy", classe 1928, fuggito dal Regio Collegio "Carlo Alberto" di Torino dopo l'armistizio e caduto in combattimento nel marzo 1945.
23 Ex maresciallo del CCCI° Battaglione Mitraglieri e comandante di distaccamento disperso con la sua unità dopo il rastrellamento del marzo 1944.

Lesegno, attaccarono il presidio partigiano di Castellino Tanaro tenuto dagli uomini di "Renzo" [24].

Mauri, nelle sue memorie, afferma che l'attacco venne portato avanti da 300 tedeschi equipaggiati con mortai da 81 mm ed altre armi pesanti e che l'unità di Renzo, forte di appena una ventina di elementi, resistette per nove ore, ma alla fine dovette ritirarsi su Cigliè dopo essere stata quasi circondata.

Ai primi di Luglio Mauri costituì il I° Settore Cuneese e delle Langhe formato da quattro grandi settori:

- Settore Alpino con quasi 500 uomini suddivisi tra le valli del Tanaro e del Pesio
- Settore Alte Langhe con 12 distaccamenti forti di 620 uomini dislocato tra il Colle di Montezemolo e Narzole
- Settore Braidese su 150 uomini suddivisi in due distaccamenti
- Settore Albese formato da due distaccamenti con un totale di 110 uomini

A disposizione di tutto il settore vi erano poi il Reparto Autonomo Guastatori "Muscun" del tenente Renato Noè ed alcune squadre di pianura dislocate tra Cherasco, Narzole e Benevagienna.

Gli uomini alla dipendenza di Mauri però continuavano a crescere e alla fine del mese il I° Settore Cuneese e delle Langhe venne riorganizzato su tre divisioni, tre brigate e varie unità indipendenti:

- I^a Divisione "Alpi" agli ordini di Piero Cosa dislocata tra le valli Peveragno, Pesio, Ellero, Miroglio e Corsaglia
- II^a Divisione "Alpi" comandata dal tenente Colonnello Pier Alessandro Vanin dislocata tra le valli Casotto, Mongia e Tanaro
- Divisione "Langhe" agli ordini di Mario Bogliolo schierata nel vecchio Settore Alte Langhe
- Brigata "Bra" al comando del capitano Icilio Ronchi Della Rocca schierata presso la città omonima
- Brigata "Alba" comandata dal sottotenente Renato Carenzi e dislocata nei pressi di Alba
- Brigata "Amendola" comandata dal colonnello Roberto Ferrero che raggruppava in sé le unità di pianura precedentemente elencate
- Distaccamento "Marco" schierato a Sommariva Perno
- Distaccamento "Franco" a Canale
- Distaccamento "Carletto" a Mango d'Alba
- Reparto Autonomo Guastatori "Muscun"

Dopo poco tempo mutò il nome in 1° Gruppo Divisioni Alpine.

Dalla fine di luglio la zona tra Bra, Murazzano, Carrù e Alba venne interessata da un rastrellamento compiuto da due battaglioni del Grenadier-Regiment 80. della 34. Infanterie-Division supportati dalle SS italiane, dalle forze del C.A.R.S. e dalla I^a Brigata Mobile "Vittorio Ricciarelli".

---

24 Lorenzo Cesale, classe 1920, ex tenente dell'"8° Reggimento Alpini.

Durante questo rastrellamento venne colpita la Brigata "Bra" nella zona di Pocapaglia obbligandola a ritirarsi a Ghigliani, nel settore della Divisione "Langhe".

Ma l'azione nemica era ampia e si allargò anche verso le Langhe; Mauri subito si organizzò per rispondere all'azione nemica ed inviò a Dogliani due distaccamenti oltre a far minare la rotabile tra il paese e Murazzano.

Il 1° agosto il Bataillon 2 del Grenadier-Regiment 80. attaccò le posizioni partigiane a Dogliani e Belvedere, occupando anche Murazzano, e obbligando le forze di Mauri a ritirarsi sui capisaldi di Marsaglia, Roccacigliè e Castellino.

La notizia peggiore fu la cattura di Mauri da parte di alcuni tedeschi mentre stava controllando la prima linea a Belvedere e quindi il comando passò a Bogliolo, che per non creare scompiglio, continuò a emanare ordini firmandosi Mauri.

Il giorno dopo l'attacco tedesco continuò, ma la resistenza delle brigate "Castellino" e "Pedaggera" riuscì ad arginare l'avanzata nemica.

Nei due giorni di combattimento i partigiani ebbero 6 morti e 19 feriti mentre, gli stessi, dichiarano l'uccisione di almeno 75 tedeschi, numero sicuramente molto gonfiato.

Per quanto riguarda la cattura di Mauri nelle sue memorie il Maggiore afferma che venne trasferito e curato a Cuneo, per poi essere caricato su un'auto insieme a tre tedeschi con destinazione Torino.

Durante il viaggio la macchina fu costretta a fermarsi a causa di una gomma bucata e Mauri, fingendosi ancora in pessimo stato di salute, convinse uno dei tedeschi ad accompagnarlo ai lati della strada per un bisogno fisiologico. In un attimo il Maggiore fuggì con tutta la sua forza riuscendo a raggiungere i suoi uomini entro il 4 agosto.

Nel testo di Carlo Gentile, "I servizi segreti tedeschi in Italia 1943-1945", invece viene citato un documento, *BAB R 70 Italien/3*, che afferma: *"Il capobanda Mauri [è stato] arrestato [e si trova presso il comando] SD di Cuneo. Wiesner [sic] attualmente a Cuneo per le trattative [...] Mauri ritorna [presso le sue formazioni partigiane]. Accordo: niente attacchi contro la Wm [ovvero la Wehrmacht]; informazioni sui gruppi comunisti; rastrellamento e presidio delle aree comuniste; prima i comunisti e poi Mauri*[25]*"*.

Mauri, molto probabilmente, venne rilasciato dopo un accordo preso con il capitano Adolf Wiessner, appositamente giunto da Verona per dialogare con il Maggiore e non riuscendo a fuggire.

L'8 agosto Mauri si incontrò con i comandanti della Iª e IIª Divisione "Giustizia e Libertà" alla Certosa di Pesio e venne intavolato un accordo che includeva le due divisioni, oltre a tutte le unità gielliste della provincia di Cuneo, sotto il comando di Mauri.

Il 1° Gruppo Divisioni Alpine modificava così il nome in 1° Gruppo Divisioni Alpine "Giustizia e Libertà".

Anche le unità di Mauri modificarono il proprio nominativo, la Iª e IIª Divisione "Alpi" vennero trasformate in IIIª e IVª Divisione Alpina G.L. come anche le due divisioni "Langhe" che divennero Iª e IIª Divisione "Langhe".

Seppur venisse adottato il motto di "Giustizia e Libertà", le unità autonome alle dipendenze

---

25 Testo in tedesco:" *Bandenführer Mauri festgenommen bei SD Cuneo. Wiesner z.Zt. in Cuneo [...] betr. Verhandlungen [...] Mauri zurück. Regelung: keine Angriffe auf Wm. Hinweise auf Kommunengruppen [sic]. Bekämpfung u. Nachsicherung von K[ommunistische]P[artei]-Räumen; erst K[ommunistische]P[artei], dann Mauri*". Tratto da "I servizi segreti tedeschi in Italia 1943-1945", op. cit. in bibliografia.

di Mauri non avrebbero avuto ingerenze da parte del Partito d'Azione e sarebbero rimaste fortemente apolitiche.

L'accordo durò ben poco e già il 4 settembre vennero annullati i patti con i giellisti.

Il 16 Agosto iniziò un altro rastrellamento nelle Langhe; una colonna, formata dal I° Battaglione del 1° Reggimento "Cacciatori degli Appennini" e da elementi della Iª Brigata Nera "Ather Capelli" - con la collaborazione della Compagnia "Bardelli" della Legione "Ettore Muti"- doveva rastrellare la zona compresa tra Cherasco e Verduno mentre una seconda colonna, con il II° Battaglione dei "Cacciatori degli Appennini" ed un battaglione della Iª Brigata Nera Mobile doveva sloggiare i partigiani siti a Mango. L'azione avrebbe avuto il supporto di una sezione di cannoni da 47/32 e due sezioni da 20 mm del Kampfgruppe "Heldman" delle SS italiane.

La colonna avanzante verso Mango venne attaccata il 16 agosto da elementi del Distaccamento Mango della Brigata "Belbo" presso Torretta San Donato, causando la morte di 15 soldati del II° Battaglione (fonti partigiane parlano di 36 morti e 50 feriti), mentre gli autonomi persero 11 uomini.

Il giorno 17 una colonna di autocarri delle SS italiane fu attaccata sulla rotabile tra Pollenzo e Santa Vittorie d'Alba con la perdita di un autocarro.

Il rastrellamento si concluse il giorno 20 con risultati minimi, perché i partigiani si ritirarono senza impegnarsi troppo nei combattimenti.

L'ultimo ciclo di rastrellamenti partì il 29 agosto con obiettivo la zona tra Pollenzo e Narzole, per l'azione vennero mobilitati 400 uomini dei due reggimenti "Cacciatori degli Appennini", un centinaio di uomini della I Brigata Nera Mobile, quattro compagnie dell'Ost-Bataillon 617. ed una sezione cannoni da 47/32 del Kampfgruppe "Heldman"[26].

L'azione partì nella prima mattina del 29 schierando due colonne, una diretta verso Alba e l'altra verso Monforte d'Alba, scontrandosi con la Brigata "Bra" e con la 48ª Brigata Garibaldi che però riuscirono a sganciarsi dal combattimento limitando le perdite.

L'azione si conclude il 2 settembre, secondo le fonti partigiane gli italo-tedeschi ebbero 30 morti e 50 feriti, mentre i partigiani persero 2 uomini.

Le fonti repubblicane dichiararono un morto e due feriti tra le file del 2° Reggimento "Cacciatori degli Appennini" e due feriti tra le truppe tedesche.

Le forze a disposizione di Mauri aumentarono sempre più e nel settembre 1944 aveva sotto i suoi ordini 5.600 uomini suddivisi così:

- Iª Divisione "Langhe" al comando di Mario Bogliolo su quattro brigate (Castellino, Langhe Ovest, Pedaggera e Mondovì)
- IIª Divisione "Langhe" agli ordini di Piero Balbo "Poli" su tre brigate (Belbo, Canale e Asti)
- IIIª Divisione "Alpi" al comando di Piero Cosa su tre brigate (Val Pesio, Val Ellero e Val Corsaglia)
- IVª Divisione "Alpi" al comando del tenente colonnello Alessandro Vanni su tre brigate (Val Casotto, Val Mongia e Val Tanaro).
- Tre brigate autonome: Alba, Brà e Amendola

---

26 Il libro "Sentire - Pensare - Volere Storia della Legione SS italiana" afferma anche dell'impiego di elementi della Divisione "Monte Rosa", della Xª MAS e del Gruppo Corazzato "Leonessa", op. cit. in bibliografia.

Dopo l'occupazione di Alba agli inizi di ottobre e la successiva riconquista da parte dei Repubblicani tutto il sistema resistenziale delle Langhe venne coinvolto in un durissimo rastrellamento che colpì molto duramente il 1° Gruppo Divisioni Alpine.

Solo ai primi di Gennaio le forze di Mauri si ripresero con un totale di 3.280 uomini suddivisi in cinque divisioni e due brigate che continuarono ad effettuare varie azioni di disturbo contro le forze repubblicane e tedesche.

Con l'avvicinarsi dell'insurrezione generale le unità del 1° Gruppo Divisioni Alpine aumentarono come anche numerose furono le azioni contro il nemico e anche i rastrellamenti subiti.

Il 3 Marzo scattò l'operazione Marder contro le posizioni della Iª Divisione "Langhe" tra Castellino Tanaro e Clavesana; l'attacco venne compiuto da elementi dell'Grenadier-Regiment 80., dal I° Battaglione "Granatieri di Sardegna" del Raggruppamento "Cacciatori degli Appennini" e da elementi della Guardia Nazionale Repubblicana.

L'azione obbligò i partigiani a ripiegare lasciando sul terreno 15 caduti (secondo fonti dell'Asse 30) mentre gli italo-tedeschi ebbero 5 morti e 10 feriti – le fonti partigiane esagerano il numero a 70 morti e 150 feriti –[27].

Ma ormai la situazione per le forze dell'Asse era irreparabile e alla vigilia dell'insurrezione generale il 1° Gruppo Divisioni Alpine era così strutturato:

- Iª Divisione "Langhe" al comando di Mario Bogliolo su sette brigate (1ª Castellino, 2ª Mondovì, 3ª Langhe Ovest, 4ª Pedaggera, 1ª bis Valle Bormida e 2ª bis)
- IIª Divisione "Langhe" agli ordini di Piero Balbo "Poli" su quattro brigate (5ª Belbo, 6ª Valle Uzzone, 7ª Rocca d'Arazzo e 8ª Grana)
- IVª Divisione "Alpi" agli ordini di Ferdinando Travaglio "Peschiera" su tre brigate (13ª Val Tanaro, 14ª Valle Mongia e 15ª Val Casotto)
- Vª Divisione "Monferrato" comandata da Giuseppe Cravera su tre brigate (17ª Asti, 18ª e 19ª)
- VIª Divisione "Asti" agli ordini di Giovanni Toselli "Otello" su tre brigate (21ª San Damiano, 22ª Alba e 25ª Canale)
- XIIª Divisione "Bra" al comando del capitano Icilio Ronchi Della Rocca su quattro brigate (45ª, 46ª, 47ª e 48ª)
- XVª Divisione "Alessandria" agli ordini di Stefano Cigliano "Mimmo" su due brigate (57ª e 58ª)
- 103ª Brigata "Amendola" comandata da Renato Gancia "Rabbia"

Con l'inizio dell'insurrezione Mauri diede obiettivi diversi alle sue unità; le Brigate 21ª "San Damiano" e 25ª "Canale" della VIª Divisione "Asti" vennero inviate verso Torino come anche la 5ª Brigata "Belbo" della IIª Divisione "Langhe" che doveva puntare verso il capoluogo piemontese dopo aver occupato Alba.

La Iª Divisione "Langhe" invece liberò – assieme ad altre unità partigiane – Mondovì, Fossano, Savigliano, Racconigi e Cavallermaggiore.

Le altre unità del 1° Gruppo Divisioni Alpine contribuirono alla liberazione di altre località del Piemonte.

---

27 Tratto da Renzo Amedeo, "Diario Mauri. Marzo 1945" e Leonardo Sandri, "Il Raggruppamento 'Cacciatori degli Appennini'. Una documentazione", op. cit. in bibliografia

Reparti Garibaldini

Nel Maggio 1944 la Iª Divisione Garibaldi "Piemonte", operante nella parte occidentale della provincia di Cuneo, costituì due brigate nelle Langhe: la 16ª "Generale Perotti"[28], ex distaccamento della 4ª Brigata, e la 48ª "Dante di Nanni" formata con partigiani reclutati tra Cuneo ed Alba.

Ad Agosto 1944 unendo queste due brigate e la 78ª Brigata "Stella Rossa"[29] di Giovanni Rocca Primo[30] venne costituita la VIª Divisione Garibaldi "Langhe" agli ordini di Giovanni Latilla.

Ai primi di settembre i garibaldini della VIª Divisione occupavano vari paesi delle Langhe come Serralunga, La Morra, Castiglion Falletto, Barolo, Dogliani, Bossolasco, S. Benedetto, Cravanzana, Niella, Belbo e Mombarcaro mentre il comando divisionale aveva sede a Monforte.

A Settembre nella zona di Alba era molto attiva soprattutto la 48ª Brigata che verso la fine del mese impiegò quasi ogni giorno un distaccamento per compiere azioni notturne nella città di Alba.

Queste azioni causarono la reazione delle forze dell'Asse che il l'1 ottobre attaccarono le posizioni della 16ª Brigata dislocata tra la Val Bormida e la Valle Belbo

Alla fine del 1944, con l'aumentare degli effettivi, venne costituito il Raggruppamento Divisioni d'assalto Garibaldi delle Langhe che contava sulla VIª Divisione Garibaldi "Langhe" e sull' VIIIª Divisione Garibaldi "Asti" (operante nell'Astigiano con le brigate 45ª "Ateo Garemi", 78ª "Devic" e 98ª "Martiri di Alessandria"[31]) e la IXª Divisione Garibaldi "Alarico Imerito" (formata in novembre nel Monferrato con le brigate 78ª "Devic", 101ª "Bona" e 102ª "Sulic").

A gennaio venne costituita la XIVª Divisione Garibaldi "Luigi Capriolo" (formata dalla 48ª Brigata "Dante di Nanni", la 179ª Brigata "Carlo Lamberti" e la 180ª Brigata "Marco Conterno"), mentre la VIª Divisione rimase con solo due brigate: la 16ª "Generale Perotti" e la 99ª Brigata "Luigi Fiore", mentre il Distaccamento Islafran venne trasformato nel Gruppo Arditi Divisionale alle dipendenze della 212ª Brigata "Giuseppe Maruffi".

Poco dopo tra la Val San Lorenzo e Ceresole d'Alba fu costituita la 103ª Brigata "Nannetti". Da Febbraio i Garibaldini furono molto attivi, fino a colpire all'interno della città di Alba due posti di blocco a Porta Savona e Via Piave nella notte del giorno 15[32].

A Marzo le azioni aumentarono e il 20 la 48ª Brigata Garibaldi "Dante di Nanni", assieme alla XIIª Divisione Autonoma "Bra", occupò Cherasco portando alla reazione dei Repubblicani che già il giorno 25 attaccarono le posizioni della 99ª Brigata Garibaldi "Luigi Fiore" tra Murazzano e Dogliani; l'unità venne supportata dall'azione della 16ª Brigata Garibaldi "Generale Perotti" e l'attacco respinto.

---

28 Con comandante Giovanni Latilla "Nanni" e vicecomandante Luigi Fiore
29 In seguito, cambierà nome in "Devic", dedicata ad Angelo Prete "Devic", comandante della 16ª Brigata Garibaldi "Generale Perotti" dall'Agosto 1944 ucciso da un partigiano garibaldino - Il Biondino - il 31 Agosto 1944 a Cortemilia. Il partigiano in questione poi passò nelle file degli autonomi di Mauri.
30 Ex soldato del 29° Reggimento di Fanteria "Assietta" classe 1921
31 Nel testo "Storia Partigiana della Divisione Autonoma XV Alessandria", op. cit. in bibliografia, Stefano Cigliano "Mimmo", comandante prima della VIIIª Divisione Garibaldi e poi della XVª "Alessandria", afferma che l'organico della divisione fosse formato dalla 45ª, 98ª e 100ª Brigata Garibaldi,
32 L'azione venne compiuta dal Distaccamento Jules della 48ª Brigata Garibaldi "Dante di Nanni"

Ad Aprile continuarono le azioni verso Alba sfociando in due azioni ossia il combattimento tra Sommariva e Ceresole d'Alba, portato avanti dalla 103ª Brigata Garibaldi "Nannetti", dalla 45ª Brigata Autonoma della XIIª Divisione Autonoma "Bra" e da elementi della IIIª Divisione "Giustizia e Libertà", e l'attacco ad Alba del 15 Aprile.

Subito dopo i Garibaldini occuparono nuovamente Cherasco il giorno 19 mentre la 180ª Brigata Garibaldi "Marco Conterno" attaccò i presidi repubblicani di Dogliani e Murazzano e li costrinse alla resa nei giorni successivi.

Con lo scoppio dell'insurrezione Generale le forze Garibaldine del Raggruppamento Divisioni d'assalto Garibaldi delle Langhe vennero inviate verso Torino per concorrere, insieme ad altri reparti, alla liberazione del capoluogo piemontese.

Reparti Giellisti

Nella primavera del 1944 era nata nella zona di Alba la prima banda "Giustizia e Libertà", ossia la 7ª Banda G.L. agli ordini del capitano Giovanni Alessandria che operò inizialmente con il supporto delle unità gielliste dislocate nel Cuneese occidentale. Ad Agosto la morte del capitano Alessandria e la cattura del vice comandante - tenente Piero Mancuso - portarono la piccola banda a mettersi alle dipendenze delle forze di Mauri rimanendo dislocata presso Murazzano agli ordini del tenente Libero Porcari per poi staccarsi dagli autonomi dopo la rottura degli accordi e stanziarsi tra Neive e Castagnole Lanze.

Le prime vere forze gielliste giunsero nelle Langhe solo a dicembre del 1944 con l'invio di alcuni gruppi della IIª Divisione G.L., stanziata in Val Maira e Val Varaita. I nuovi gruppi si unirono alla 7ª Banda G.L. insediandosi a Gennaio tra Neive, Neviglie, Mango, Castagnole e Castiglione d'Asti.

Con queste unità venne creata la IIIª Divisione G.L. "Langhe" con comandante Alberto Bianco ma alcune problematiche interne portarono ad una rottura dell'unità e alla nascita a metà di Febbraio della Xª Divisione G.L. "Langhe" con comandante Giorgio Bocca e formata da tre brigate inizialmente stanziate tra Neviglie e Mango.

Le due unità continuarono ad avere discussioni a causa della decisione del Comando Regionale G.L. di restituire alcune unità della Xª Divisione G.L. alla IIIª; i comandi della Xª riuscirono ad evitare i trasferimenti ad eccezione di una brigata dislocata in Val Bormida che venne ceduta totalmente alla IIIª Divisione G.L.

In ogni caso le due unità erano due piccole divisioni formate da 500 a 700 uomini.

Il 13 Marzo vi fu un cambio di comando all'interno della Xª Divisione G.L. che vide la nomina a comandante di Raimondo Paglieri mentre Giorgio Bocca fu trasferito alla IIª Divisione G.L. in qualità di commissario politico.

I rapporti con le altre unità partigiane dislocate nelle Langhe furono buoni e soprattutto quelli con i Garibaldini che vedevano nelle G.L. un buon aggancio contro lo strapotere delle forze autonome di Mauri oltre che essere molto utili perché spesso cedevano le armi aviolanciate dagli Alleati.

Verso Marzo le due divisioni vennero unite ed entrarono a far parte del I° Gruppo Divisioni G.L. del Cuneese e ad Aprile le forze gielliste presero parte allo già citato scontro tra Sommariva e Ceresole d'Alba oltre all'attacco di Alba del giorno 15.

Allo scoppio dell'Insurrezione Generale la IIIª Divisione G.L. avanzò verso Torino mentre la Xª Divisione G.L. su Asti.

Reparti Matteotti

Nell'estate 1944 un piccolo gruppo di venti ex autonomi al comando di Paolo Farinetti prese contatto con il Partito Socialista e si stanziò nelle Langhe - tra Barbaresco, Treiso, Trezzo e Neive - e nel Monferrato.

All'inizio del Gennaio 1945 da questo gruppo venne costituita la 21ª Brigata Matteotti "Fratelli Ambrogio" che operò in stretta collaborazione con gli autonomi di Mauri e prese parte alla liberazione di Alba in cooperazione con la IIª Divisione "Langhe".

▲ Militi della Guardia Nazionale Repubblicana in partenza per un'azione a bordo di un autocarro FIAT 626. Il presidio della G.N.R. di Torino partecipò attivamente alle operazioni ad Alba del novembre 1944 (Cucut).

▲ Il centro di Alba visto dalle alture circostanti la città: dall'immagine si capisce quanto fosse stato importante per qualunque attaccante (sia partigiani che repubblicani) avere il controllo delle colline, per poter effettuare un'efficace manovra di fuoco sul centro abitato.

▼ Militari dello Squadrone Autonomo di Cavalleria dello Stato maggiore dell'Esercito con la bandiera del reparto; sul berretto si nota il fregio in canutiglia, formato da una granata con fiamma dritta. Un Plotone, proveniente da Bergamo al comando del capitano Bussotti, prese parte agli scontri ad Alba (Arena).

▲ Primo piano di un Cavaliere dello Squadrone di Cavalleria del Raggruppamento Anti Partigiani (Arena).

▼ Pattuglia di Cavalieri del Raggruppamento Anti Partigiani nelle Langhe (Arena).

▲ Il giovanissimo Cavaliere Giuseppe Giaroni, ritratto all'inizio del 1944 a Bergamo, dove si stava costituendo Squadrone Autonomo di Cavalleria dello Stato Maggiore dell'Esercito. Sulla giubba indossa ancora le stellette ed ha sulla bustina il fregio del Reggimento "Savoia Cavalleria", dal quale proveniva (Giaroni).

▲ Un'altra fotografia da studio del Cavaliere Carlo Giaroni: sulla giubba le fiamme a tre punte bianche con il gladio della Cavalleria dell'Esercito Nazionale Repubblicano. Nella foto originale la cravatta è stata colorata a mano di rosso (Giaroni).

▲ Gruppo di Cavalieri dello Squadrone Autonomo di Cavalleria dello Stato Maggiore dell'Esercito in addestramento a Bergamo (Giaroni).

▲ Carlo Giaroni a Bergamo (Giaroni).

▲ Un gruppo di ufficiali e soldati del Reparto Autonomo di Cavalleria del Raggruppamento Anti Partigiani: dalla fotografia si nota l'uso delle fiamme bianche a tre punte e delle controspalline filettate sempre di bianco, sulle uniformi del modello pre-armistiziale (Giaroni).

▼ Alcuni dei militari del Reparto Autonomo di Cavalleria, ritratti nella fotografia precedente, mostrano la loro abilità con le cavalcature (Giaroni).

▲ Pattuglia del Reparto Autonomo di Cavalleria del Raggruppamento Anti Partigiani sulle alture intorno ad Alba (Giaroni).

▲ Un'altra immagine della stessa pattuglia: il Cavaliere che regge le briglie è un reduce del "Savoia Cavalleria" che ha combattuto in Russia, poiché ha appuntato al petto della giubba la (Giaroni).

▲ Cavalieri del Raggruppamento Anti Partigiani ad Alba, probabilmente negli ultimi giorni di guerra (Giaroni).

▲ Un plotone di uomini dello Squadrone di Cavalleria del R.A.P. a Torino il 23 marzo 1945, in occasione della imponente manifestazione tenutasi per il 28° anniversario di fondazione dei Fasci di Combattimento (Pisanò).

▼ Le operazioni militari durante la guerra civile nella Repubblica di Alba e nella Zona Libera del Monferrato (estate-autunno 1944) (Emanuele Mastrangelo - CC BY-SA 3.0).

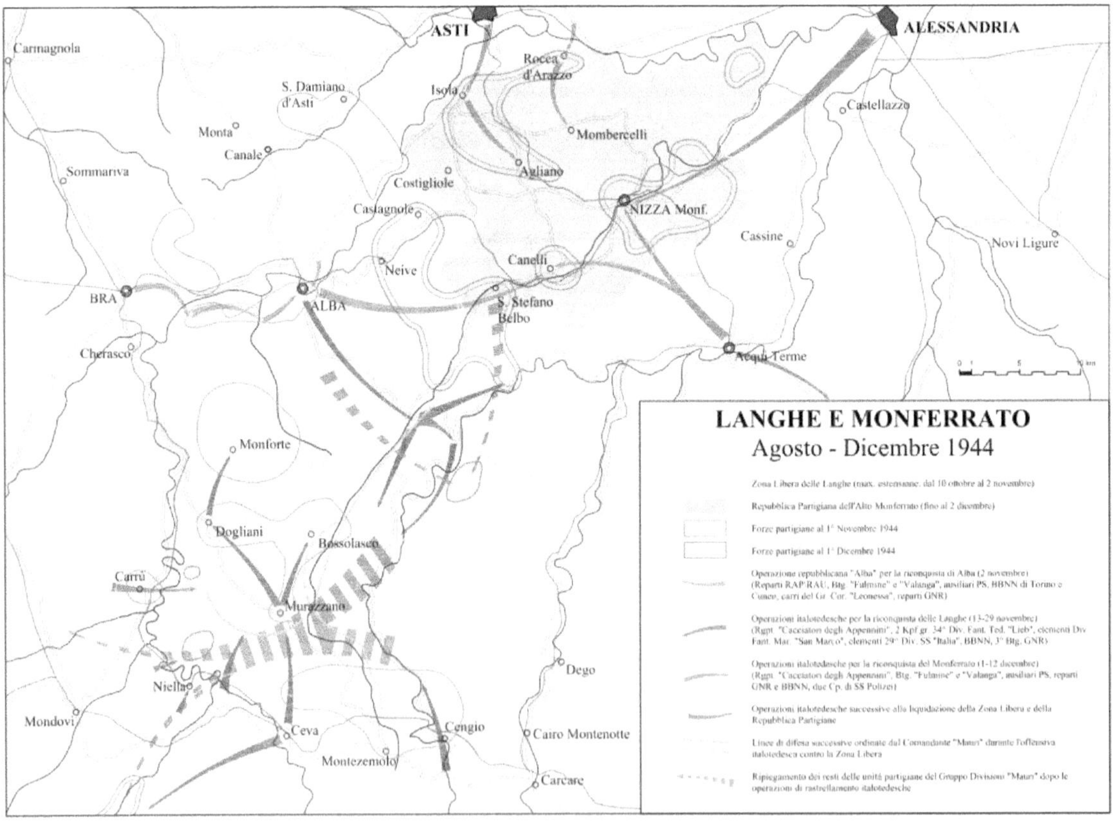

▲ Due ufficiali dei Reparti Arditi Ufficiali a bordo di una Lancia Aprilia in dotazione al re parto, di probabile provenienza civile (Gallesi).

▼ Ufficiali del Raggruppamento Anti Partigiani nella zona di Bra nell'aprile 1945 (Cucut).

▲ Partigiani della II Divisione 'Langhe' davanti alla chiesa dei Battuti di Mango nel Febbraio 1945 (fonte WEB).

▼ Il partigiano Armando Meniciatti e i fratelli Giuliano e Walden Cirelli, appartenenti alla III Divisione Giustizia e Libertà, scortati da due militi dei "Cacciatori degli Appennini", in previsione della loro fucilazione a Monchiero d'Alba il 9 marzo 1945 (Crippa).

▲ I fratelli Giuliano e Walden Cirelli della III Divisione Giustizia e Libertà "Langhe" prima della fucilazione a Monchiero d'Alba il 9 marzo 1945 ("Resistenza – Album della Guerra di Liberazione").

▼ Quattro partigiani della 21ª Brigata Matteotti "Fratelli Ambrogio" su un autocarro armato con un fucile mitragliatore Breda 30 ed una Maschinengewehr 34 ("Gazzetta d'Alba").

▲ Giorgio Bocca (al centro), comandante della X Divisione Giustizia e Libertà e poi commissario della II Divisione G.L., assieme ad altri partigiani giellisti probabilmente in una foto scattata all'inizio dell'esperienza resistenziale ("Patria Indipendente").

▼ Partigiani del Distaccamento "Islafran" della 48ª Brigata "Dante di Nanni" in una fotografia di gruppo (fonte WEB).

▲ Soldati della missione Canuck fanno fuoco con un mortaio da 3-inch contro le postazioni repubblicane ad Alba durante l'attacco del 15 Aprile 1945 (da "Excelsior - L'aeroporto dei partigiani").

▼ Due partigiani sulle alture di Alba probabilmente durante l'attacco del 15 aprile 1945. Da notare l'utilizzo di un cannocchiale e di un fucile mitragliatore Bren ("Alba per la Libertà").

▲ Partigiani della 48ª Brigata "Garibaldi".

▼ Tre soldati canadesi della missione Canuck del 2nd SAS, giunta presso le unità di Mauri nell'Aprile 1945, armati con una mitragliatrice Vickers raffreddata ad acqua presso il paese di Castino (fonte WEB).

I REPARTI DELLA R.S.I. DI PRESIDIO AD ALBA DALL'ESTATE 1944 AL MAGGIO 1945

Da parte repubblicana, la città di Alba fu presidiata, nel periodo preso in esame in questo testo, da un contingente variabile di reparti militari. La cosa che comunque colpisce è come, a partire dalla "riconquista" della città nel novembre 1944, fu predisposto un dispositivo di presidio piuttosto consistente, a riprova dell'importanza strategica della località delle Langhe, tanto che fu dislocata in maniera continuativa una Batteria d'artiglieria.

I reparti appartenevano tutti al Raggruppamento Anti Partigiani; questa unità sorse a partire dall'estate del 1944, come seconda brigata leggera Co.Gu. (Contro Guerriglia) in appoggio al Raggruppamento "Cacciatori degli Appennini", da impiegare nella lotta contro i partigiani. Il Raggruppamento Anti Partigiani era formato da:

- Comando Raggruppamento
- 4 Battaglioni Arditi:
    - I Battaglione Arditi Bersaglieri
    - II Battaglione Arditi Fanti
    - III Battaglione Arditi Alpini
    - IV Battaglione Arditi Fanti
- I Reparto Autonomo di Cavalleria
- X Gruppo Artiglieria Speciale
- Compagnia Carri Leggeri
- Compagnia Mista Genio
- 2 Reparti Arditi Ufficiali (R.A.U.):
    - 1° R.A.U.
    - 2° R.A.U.
- Squadra X (unità di spionaggio ed infiltrazione).

Al comando del Colonnello di Stato Maggiore Alessandro Ruta, il R.A.P. fu impiegato a Torino e in Piemonte con compiti antipartigiani e fu in armi fino ai primi di maggio del 1945. Alcuni reparti si arresero agli americani e furono condotti nei campi di concentramento, altri ebbero sorte peggiore, come il 2° R.A.U., i cui elementi furono trucidati[33].

L'evoluzione dell'organico del presidio militare repubblicano di Alba può essere riassunta analizzandone la costituzione in tre momenti fondamentali: fino all'ottobre del 1944 (quindi fino alla presa da parte dei partigiani), dal novembre 1944 (dopo la "riconquista" da parte della Repubblica Sociale) e nell'aprile 1945, ultima fase della guerra.

Ottobre 1944:
- II Battaglione Cadore del Raggruppamento "Cacciatori degli Appennini"

---

[33] Per maggiori approfondimenti sulla storia del Raggruppamento si veda "I reparti Controguerriglia della R.S.I." di Paolo Crippa e Carlo Cucut, opera citata in bibliografia.

- un presidio della Guardia Nazionale Repubblicana (probabilmente formato da personale del III Battaglione G.N.R. del Raggruppamento "Cacciatori degli Appennini")

A partire dal novembre 1944 (dopo la rioccupazione della città):
- II Battaglione Arditi Fanti del Raggruppamento Anti Partigiani
- 1 Plotone dello Squadrone di Cavalleria del Raggruppamento Anti Partigiani
- 1 Batteria da 75/13 del X Gruppo Speciale di Artiglieria del Raggruppamento Anti Partigiani

Aprile 1945:
- II Battaglione Arditi Fanti del Raggruppamento Anti Partigiani
- III Battaglione Arditi Alpini del Raggruppamento Anti Partigiani (dal 15 aprile 1945)
- 1 Plotone dello Squadrone di Cavalleria del Raggruppamento Anti Partigiani
- 1 Batteria da 75/13 del X Gruppo Speciale di Artiglieria del Raggruppamento Anti Partigiani
- 1 Plotone della 1 Compagnia Carri Leggeri (su 4 carri L3) del Raggruppamento Anti Partigiani (in città dal gennaio del 1945)

II Battaglione Arditi Fanti

La costituzione dei Battaglioni Arditi da inserire nel Raggruppamento Anti Partigiani risale al luglio 1944, quando venne prevista la creazione di tre Battaglioni da addestrare specificatamente all'impiego controguerriglia, forti di circa 2.000 uomini. Tra luglio e novembre queste unità furono effettivamente costituite, anzi ne fu formato uno in più rispetto al previsto.
Il II Battaglione Arditi Fanti, nato come II Battaglione Controguerriglia e conosciuto anche come Battaglione "Tito Speri", ebbe una lunga gestazione. La sua costituzione iniziò infatti nell'agosto 1944 a Brescia, ma fu completato solamente nel mese di novembre, quando ormai si trovava in Piemonte. Si articolava su:
- 2° Plotone Comando – comandante sottotenente Benito Caramanti
- 3 Compagnie Fucilieri:
    - 5ª Compagnia Fucilieri – comandante: capitano Amleto Rossi
    - 6ª Compagnia Fucilieri
    - 7ª Compagnia Fucilieri
- 8ª Compagnia Armi d'accompagnamento – comandante: capitano Arturo Cingano

Il Battaglione vide succedersi al comando il tenente colonnello Pieroni, il tenente colonnello Palomba ed il maggiore Gagliardo Gagliardi. Aveva sede a Torino, con un Plotone dislocato ad Alba ed uno a Cherasco; dopo la rioccupazione di Alba nel novembre 1944, la quasi totalità del Battaglione (Comando, 5ª Compagnia Fucilieri e 8ª Compagnia Armi Pesanti) fu posta a presidio della città, sino alla fine della guerra.

Durante l'attacco partigiano di Alba del 15 aprile 1945 il Battaglione si trovava dislocato in diversi punti della città. Il Plotone Comando era dislocato nel Seminario Minore ed ebbe un ruolo non di prima linea durante gli scontri, come risulta anche dalla relazione del sottotenente Caramanti:

"Il mattino del 15 c.m, profilatosi l'attacco partigiano, gli uomini in accantonamento si schieravano a difesa dei posti precedentemente assegnati dal Comandante di Battaglione. I tre uomini che prestavano servizio alla Centrale Telefonica, mezz'ora prima dell'attacco, si accorgevano che davanti alla porta principale era stata posta una bomba ad orologeria. Immediatamente uscivano con le armi e, allontanatisi una ventina di metri dalla centrale, il cap. magg. Montelatici sparava un colpo di moschetto sulla bomba, determinandone lo scoppio, scoppio che mise in allarme il Presidio. Indi i tre uomini ripiegavano rispettivamente uno all'accantonamento dell'8ª Compagnia e due alla sede del Plotone Comando.
Alle ore 10 il Plotone veniva comandato di scorta al ten. Medico Colucci che si recava a medicare i feriti dell'8ª Comp. A.A. Lungo il tragitto fu fatto segno da armi automatiche, alle quali fu risposto con qualche raffica di mitra, proseguendo verso l'8ª Compagnia alla quale si giunse senza nessuna perdita. All'8ª Comp. Mentre il medico curava i feriti, gli uomini, sempre nel limite possibile, si univano a quelli dell'8ª Comp. Per fare fuoco su elementi partigiani che infiltratisi nel Seminario battevano con varie armi automatiche le postazioni di difesa di quell'accantonamento.
Nel frattempo l'ardito Bruno di univa ad una squadra della 5ª Comp. Che si recava alla Caserma Govone per cercare il radio montatore che abitava in piazza Savona affinché venisse a riparare la radio trasmittente da due ore ferma. La squadra all'altezza di Porta Savona veniva attaccata da forti nuclei partigiani-; nonostante questo il Bruno si gettava allo sbaraglio, ma veniva colpito al torace e alla gamba sinistra, costringendolo assieme alla squadra ad asserragliarsi in una casa. Con questa squadra si distinse anche il caporale Soldi.
Alle ore 11,30 il Plotone Comando rientrava in accantonamento senza perdite. Nel pomeriggio elementi del Plotone concorrevano a portare ordini all'8ª Compagnia A.A e alla Caserma Govone. Particolarmente si distinse l'ardito Santucci il quale uscì ben sette volte da solo, rientrando sempre in sede. Il cap. magg. Magliocco si univa con la squadra del ten. Moltrer per andare a rastrellare la zona del Seminario. Durante la notte il Plotone usciva altre due volte per trasportare mortai e munizioni dall'8ª Compagnia alla 5ª Compagnia. Terminato il trasporto delle armi, sei uomini venivano comandati di rinforzo all'8ª Comp. A.A.
In tutta l'azione il reparto ha seguito le seguenti perdite:
Uomini dispersi: s. ten. Bernardini Settimio (uscito in appostamento la sera precedente non rientrava)[34]*; feriti: ardito Bruno Giovanni".*

E" interessante notare che, con una grande immodestia, il sottotenente Benito Caramanti abbia proposto ben 12 suoi sottoposti a promozioni, medaglie al valore e croci di guerra, nonostante la marginalità dell'apporto dato agli scontri da parte del Plotone Comando. Nessuno di essi risultò comunque nell'elenco dei decorati sul campo stilato dal generale Archimede Mischi.

Comandata dal capitano Amleto Rossi, la 5ª Compagnia fu, al contrario del Plotone Comando, il reparto più esposto alla furia della battaglia. L'unità era dislocata presso il Semi-

---

[34] Non è chiaro se l'ufficiale sia stato catturato o ucciso dai partigiani o se invece abbia disertato volontariamente.

nario Minore ed aveva in carico anche il presidio di Porta Vivaro e di Porta Savona, dove il 15 aprile si svolsero le fasi più violente dell'attacco partigiano. Qui di seguito è riportata la parte centrale della relazione del capitano Rossi, che descrive nel dettaglio gli scontri sostenuti dalla sua Compagnia:

"[...] *Alle ore 6,12 da parte nemica si iniziava l'attacco con un rabbioso fuoco di artiglieria ed armi automatiche leggere e pesanti. Il nemico poggiava in un primo tempo lo sforzo maggiore dell'attacco nel settore Tanaro, sforzo che veniva subito contenuto per la precisa e calma reazione del settore di difesa preposta a quel lato e comandato dal te. Moltrer Mario. Dopo mezz'ora circa di fuoco la pressione del settore Tanaro poteva considerarsi stroncata per le perdite visibili in cadaveri visibili sul greto ed il nemico arretrava la sua linea dando così modo al posto di blocco di Porta Tanaro di ripiegare. Da questo momento invece aumentava il volume di fuoco proveniente dalla collina degli Angeli, dal ponte sula Cherasca e dal campanile, punto più elevato della città.*

Il fuoco di questi ultimi centri batteva il cortile della caserma rendendo difficile la manovra dei pezzi d'artiglieri e l'entrata ed uscita dei carri armati. Alle ore 7 circa i fuorilegge iniziarono il bombardamento della caserma con lanciagranate inglesi, mortai inglesi da "55 e cannoni da "47. Le granate producevano danni all'edificio, scardinavano porte e finestre e demolivano i muretti di protezione.

Ordinavo di entrare in azione ai mortai Brixia da "45 per colpire alcuni punti di lancio delle granate, specie le postazioni a destra della Cherasca protette dal fabbricato del molino. Le postazioni nemiche per il lancio delle granate situate sulla Cherasca tacevano e per contro incominciavano a giungere le granate dal nord della città nel frattempo occupata dai ribelli. Alle ore 10,30 facevo uscire una squadra al comando del ten. Marquez per impegnare le forze ribelli entrate nella città al fine di potere tenere sgombra la zona Collegio - Convitto e Seminario minore, rispettivi accantonamenti della 8ª e della 5ª Compagnia.

Alle ore 11,30 uscivo dalla caserma rendendomi conto della situazione che a quel momento, dopo sei ore di combattimento, poteva così presentarsi: tutta la città, ad eccezione dei blocchi Convitto - Seminario minore erano in mano dei fuorilegge. Una squadra asserragliata in una casa di via Mazzini e che coraggiosamente si batteva resistendo alle intimidazioni di resa costitutiva un altro nostro centro di fuoco.

Tutti i posti di blocco, ad eccezione di Porta Cherasca coraggiosamente difesa dai Cavalieri dello Squadrone Autonomo di Cavalleria, erano stati sopraffatti ed avevano ripiegato.

Le forze ribelli occuparono gli abitati dominanti la caserma, tenendola sotto il fuoco delle armi automatiche e lanciagranate.

Alle ore 12,30 circa, a mezzo staffetta, apprendevo la critica situazione dell'8ª Compagnia A.A., costretta nel breve spazio dell'androne di ingresso, per avere il cortile e le camerate battute a tiro diretto dai lanciagranate ed armi automatiche pesanti. Inviavo in rinforzo e con il compito di occupare il Vescovado, attaccandolo alle spalle, un plotone del ten. Moltrer Mario che rastrellava parte del Vescovado, snidando le forze ribelli più vicine che battevano da 20 metri il nucleo della 8ª Compagnia A.A.), dando così possibilità di ricostruire parzialmente un nucleo di difesa e ricuperare i mortai dovuti abbandonare in cortile.

Alle 15,30 per la pressante richiesta di aiuto dell'8ª Compagnia A.A. sita all'accantonamento Collegio Convitto inviavo ancora una volta un plotone al comando del ten. Moltrer Mario

che, mentre tentava l'aggiramento di un edificio in cui si erano asserragliati 15 fuorilegge con armi automatiche, veniva colto da una granata, decedendo all'istante, unitamente al bersagliere ardito Mezzetti Giacomo, cuciniere, offertosi volontariamente.
Verso le 18 la pressione nemica rallentava sino a lasciare libertà di movimento nei pressi dei nuclei asserragliati e si potevano congiungere le forze asserragliate e fare rientrare agli accantonamenti i nuclei usciti.
Perdite subite dalla Compagnia: morti n.2; feriti n. 3; dispersi n. 12.
La notte trovava gli uomini ancora svegli ai posti, pronti a riprendere la lotta e si notava il movimento di avvicinamento delle forze partigiane che evidentemente tentavano ancora l'attacco. Nel cuore della notte le forze partigiane si allontanavano dalla zona, si presume informate da staffette dell'approssimarsi della colonna dei rinforzi".

Il posto di blocco di Porta Savona, come abbiamo visto, si era rivelato essere uno dei punti focali dell'attacco partigiano, resistendo accanitamente per oltre cinque ore, e la sua caduta sembrò essere il preludio della vittoria dei partigiani, i quali però non riuscirono a portare a termine la presa della città. La resistenza opposta dai fascisti fu così accanita che l'"episodio ebbe l'onore di essere citato nell'Ordine del Giorno del 18 aprile 1945 al paragrafo 313, che riportiamo qui di seguito perché, sebbene intrisa di retorica, la trattazione dei fatti risulta essere aderente alla realtà e ben dettagliata:

"EROICA RESISTENZA DI UN NOSTRO POSTO DI BLOCCO:
Da deposizioni di borghesi relative alla difesa del posto di blocco di Porta Savona nell'attacco del 15.4.45 - borghesi che hanno fatto da intermediari fra i nostri militari ed i partigiani - siamo venuti a conoscenza di quanto segue: - Alle ore 6,60 iniziava l'attacco contro il posto di blocco di Porta Savona a distanza ravvicinata. Sei colpi di lanciagranate smantellavano fin dai primi minuti le difese principali del posto di blocco. Il nemico, appoggiato dal fuoco di Bren sia dal viale della Moretta sia dal canalone della ferrovia riusciva a circondare il caseggiato.
Tre intimidazioni di resa venivano inviate ai nostri uomini: le risposte furono raffiche di mitragliatore. I ribelli, vista l'inutilità dei loro sforzi, inviarono due borghesi a patteggiare; il s.ten Pierani Giovanni - comandante del posto di blocco - ferito all'inguine, ad ambedue le cosce e ad un braccio, continuava ad incitare gli uomini e rifiutava la resa. All'esortazione di alcuni abitanti del caseggiato di desistere all'impari lotta, l'ufficiale rispondeva di essere uomo d'onore e di non cedere fino che avesse avuto munizioni.
I partigiani facevano saltare il portone con mine plastiche e si lanciavano per le scale: uno veniva colpito con una pugnalata da un nostro ardito, un altro crivellato da colpi; il nemico ripiegava con diversi feriti. Il fuoco si riaccese rabbioso; il s.ten, Pierani accettava che i civili sloggiassero dal caseggiato e con i suoi uomini li aiutò a mettersi in salvo. Furono fatte altre intimidazioni di resa con la minaccia che sarebbe stato fatto saltare il caseggiato con la dinamite; la risposta fu sempre negativa.
Il s.ten. Pierani, non potendo più dirigere gli uomini per impossibilità fisica, dava la direzione del caposaldo al cap. Magni.
Alle ore 11,45 - dopo più di cinque ore di resistenza - un capo banda, un certo Mario, manda due civili a parlamentare; il s.ten Pierani, rimasto con quattro caricatori, dichiara che avrebbe parlamentato solo alla condizione che il partigiano si fosse presentato a lui disarmato,

cosa che il medesimo accettò, presentandosi in una rigida posizione di saluto ed elogiando tutti i soldati che avevano con onore resistito in dodici contro più di duecento.
Il comandante del posto di blocco chiedeva:
onore delle armi per tutti gli uomini;
1. *intangibilità delle persone;*
2. *continuare a vestire la divisa dell'esercito repubblicano;*
3. *rimanere uniti in campo di concentramento;*
4. *adeguato nutrimento degli uomini stessi.*

Accettate queste condizioni d'ambedue le parti, il s.ten Pierani usciva dal posto di blocco alla testa dei suoi uomini, armati ed in perfetto ordine, e sfilava di fronte al nemico sino all'angolo di via S. Paolo, nel qual punto gli uomini depositarono le armi, mentre l'ufficiale conservava la pistola.
Il capo partigiano che aveva firmato la resa ed il comandante dell'operazione di attacco ad Alba si congratularono con l'ufficiale e lo sorreggevano per le sue ferite che gli impedivano di camminare. Arditi del II° Battaglione, è con la fede che si sgomenta il nemico; anche un fuorilegge s'inchina riverente di fronte al valore di un vero soldato e nella resa gli riconosce l'onore alle armi!".
L'8ª Compagnia, infine, si trovava accantonata presso il Convitto Civico della città, armata di 6 mortai e mitragliatrici leggere e pesanti, ed aveva inoltre un distaccamento a presidio di Porta Tanaro; nel corso della giornata ebbe 4 morti e 11 feriti, tra cui lo stesso comandante capitano Cingano, che così raccontò gli eventi della giornata nella sua relazione:
"Il mattino del 15 u.s. alle ore 6 circa avvenne il primo scoppio in piazza del Duomo. Preso contatto telefonico col posto di blocco e col Comando di Battaglione, verso le 6,05 si ebbe il secondo scoppio che interruppe le comunicazioni telefoniche.
Diedi l'allarme agli Ufficiali ed alla truppa che era già "all'erta".
Feci uscire tre pattuglie:
a) agli ordini del s.ten. Migliori per collegarsi col posto di blocco
b) del s.ten. Ghedina per prendere ordini dal Comando di Battaglione
c) del s.ten. Forcisi per compiere una ricognizione alla centrale telefonica.
Come da prime direttive ricevute telefonicamente, faccio sparare tre colpi di mortaio verso Porta Tanaro. Sono le ore 6,20 circa quando con fuoco violentissimo s'inizia l'attacco alla città. Faccio subito iniziare il fuoco con due mortai contro la dorsale prospiciente Porta Cherasca (colpi sparati n. 11). Nel frattempo rientra la pattuglia del s.ten. Ghedina al completo. Dopo il terzo colpo una bomba rimane inerte nel tubo di lancio; mentre l'ufficiale, coadiuvato dal serg. A.U. Cortese s'appresta a sfilare la bomba, viene aperto il fuoco dalle finestre del Seminario maggiore verso il cortile della Caserma (ore 6,35 circa). Alla prima raffica rimangono feriti l'ufficiale ed il sottufficiale. Contemporaneamente viene aperto il fuoco da piazza del Duomo contro l'ingresso principale.
Sono costretto a far ripiegare al sicuro i serventi dei sei mortai piazzati nel cortile. Con la protezione del fucile mitragliatore piazzato alla porta possono rientrare il s.ten. Migliori e quattro militari delle altre due pattuglie.
...Verso l'interno ha inizio il duello dalle finestre...
Verso le 7 rientra in parte la squadra al comando del s.ten. Saviano, che era di servizio al posto di blocco. Mancano: l'ard. Pedrali Giulio porta treppiede, colpito a morte in piazza del Duo-

mo, i due sottufficiali serg. A.U. Carrino Norberto e serg. A.U. Martini Egidio, che verranno trovati la sera trucidati e l'ard. Dotti Costantino, che aveva raccolto l'"affusto abbandonato dal Pedrali e che, ferito alle gambe, aveva dovuto arrendersi di fronte ai partigiani sbucati da via Coppa (comandava detta pattuglia partigiana l'ex militare della 5ª Compagnia Martini, ufficiale mauriano, e ne facevano parte anche gli ex arditi Mondini della 5ª Comp. e Ronconi dell'"8ª Comp.). A pochi metri dalla Caserma rimane ferito alla schiena l'ardito Benedetti il quale può raggiungere l'ingresso ma deve abbandonare la mitragliatrice che trasportava.

Verso le ore 8 si profila una nuova minaccia: i fuori legge, occupata la chiesa adiacente, tentano di penetrare nell'accantonamento, sfondando la porta di accesso al locale trasformato in cucina. Si può far fronte al pericolo piazzando a protezione il fucile mitragliatore tolto dalla porta principale.

Protetto dal fuoco della mitragliatrice del piano superiore tento l'offensiva contro il Seminario col lanciagranate: dopo tre colpi (di cui due a segno), mentre mi accingo a lanciare il quarto, rimango ferito dallo scoppio della stessa bomba che stavo per lanciare (ore 10 circa). Da questo momento, pur non cedendo il comando, subentrano nella direzione delle operazioni il ten. Mazzara e il s.ten. Piersanti. Il duello prosegue con alterne minacce, a volte dalla cucina, a volte dall'ingresso principale. Verso le ore 11 rientrano il s.ten Forcisi e l'ard. Riboni ferito al piede; entrambi sono riusciti a sfuggire alla cattura riparando presso civili.

Verso le ore 13,3, perdurando critica la situazione, invio il cap. magg. Colombo e l'ardito Olivieri sul tetto della Cappella con l'ordine di tentare il lancio di 10 bombe a mano Sipe sul tetto del Seminario. I due riescono nella missione affidatagli e si ha la sensazione una diminuita pressione e perciò do l'incarico al s.ten. Migliori e al s.ten. Melosi di tentare il ricupero di almeno un mortaio. Si offre volontario per collaborare il cap. magg. Colombo. Il ricupero riesce, ma a prezzo dell'eroico sacrificio del caporale maggiore stesso.

Verso le 16.15 rientrano gli arditi Valentino e Tumiatti. Il Valentino mi informa di essere stato, insieme al compagno, catturato dai partigiani, di avere portato con loro all'ospedale perché feriti il ca. magg. Zappaterra e l'ard. Vittorielli, di avervi trovato già ricoverati l'ard. Dotti e di essere stato rilasciato, quale ex partigiano, per venire ad impossessarsi del fucile mitragliatore. Una squadra di 6 o 7 uomini della quale fanno parte il Gallori (fuggito dalla carceri di Alba) ed il Pregliasco (ex ardito dell'"8ª Comp.) con un bren ed un lanciagranate si è piazzata all'altezza dei portici di fronte al bar Calissano ad offesa della porta della caserma e lo attendo di ritorno col fucile mitragliatore. Faccio avvertire subito le guardie di non lasciare avanzare dalla destra il ten. Mazzara e il s.ten Melosi che con due uomini avevo inviato in precedenza al comando di Btg. per prendere ordini ed accordi e nello stesso tempo faccio sapere al s.ten. Piersanti di battere col mortaio la postazione in piazza Duomo.

Avvertiti della minaccia dall'ufficiale di guardia il ten. Moltrer da ordine al suo plotone di aggirare la posizione, ma in quel mentre una granata lanciata forse contro la caserma gli cade quasi ai piedi freddandolo unitamente al ca. Mezzettetti della 5ª che era al suo fianco. Subito dopo arriva una seconda granata che cade un po'" a sinistra della porta della caserma. Faccio proseguire il tiro del mortaio in piazza del Duomo e case prospicienti e si ottiene l'effetto sperato: il nemico abbandona la posizione (ore 17,30 circa).

Cominciano a pervenire le prime notizia dell'allontanamento dei partigiani dalla città; eliminata l0offesa verso il cortile, si può nuovamente disporre di tutti i mortai e do pertanto ordine *di sparare alcuni colpi - 18 - in direzione di Madonna degli Angeli ove si nota movimento. Verso le ore 19 vengono notati i primi civili in circolazione ed ho conferma dell'abbandono della città da parte dei fuori legge. Ritengo terminato l'attacco e, dop aver dato alcune direttive per la difesa notturna, cedo il comando temporaneamente al ten. Mezzara e al s.ten. Piersanti.*

All'appello manca ancora l'ard. Portesi, uscito la mattina di pattuglia, ma lo stesso rientrerà l'indomani con tutto l'armamento, essendo riuscito a sfuggire alla cattura riparando nel collegio delle Suore Luigine.

Purtroppo, invece, a tutti i militari uccisi o catturati i partigiani hanno asportato l'armamento individuale. Le perdite subite durante la giornata sono le seguenti: n. 2 sottufficiali uccisi; n. 1 ardito morto; n. 1 cap. magg. ferito; n. 3 arditi feriti; n. 2 arditi catturati ma poi rilasciati; tutti disarmati perché colpiti fuori dall'accantonamento; n, 1 cap. magg. morto; n. 2 ufficiali feriti (me compreso); n.1 sottufficiale ferito; n. 4 arditi feriti; tutti privati dell'armamento. In complesso 4 morti ed 11 feriti".

Nel corso della guerra, il II Battaglione Arditi Fanti lamentò complessivamente 26 tra caduti e dispersi.

III Battaglione Arditi Alpini

Fu organizzato nella zona di Vercelli nel novembre 1944, assumendo già la nuova denominazione di Battaglione Arditi ed era comandato inizialmente dal capitano Terzoli e poi dal maggiore Bergondi. La sua struttura era:
- 3° Plotone Comando
- 3 Compagnie Alpini:
    - 9ª Compagnia Alpini
    - 10ª Compagnia Alpini
    - 11ª Compagnia Alpini
- 12ª Compagnia Armi d'accompagnamento[35]

È da notare che da un promemoria dello Stato Maggiore dell'Esercito Repubblicano risultava in formazione a Cremona un III Battaglione Arditi già nell'agosto 1944. Probabilmente, come
spesso si rileva dai documenti del periodo, alcuni reparti indicati come *"in formazione"* erano
tali solo sulla carta, mentre in realtà queste unità non erano nemmeno allo stato embrionale.

È perciò possibile che questo sia il caso del III Battaglione Arditi in formazione a Cremona, citato in questo promemoria

Il Battaglione era stanziato a Santhià (VC) sin dalla sua costituzione nel novembre 1944. All'inizio del 1945 il nucleo principale del reparto fu spostato a Cigliano Vercellese (VC) ed a Santhià fu lasciato un solo Plotone a presidio dell'abitato, presso la locale caserma dei Carabinieri. Da questo momento il III Battaglione Arditi Alpini si trovò ad essere messo

---

35 Questa Compagnia risulta nell'organigramma proposto da Giorgio Pisanò ne "Gli ultimi in Grigioverde", opera citata in bibliografia.

duramente sotto pressione dall'intensificarsi dell'attività partigiana. Per contenere il crescente fermento della Resistenza il Battaglione fu duramente impegnato in un estenuante ripetersi quasi quotidiano di puntate offensive e di azioni di controllo del territorio ove si trovava dislocato. Alla fine di aprile del 1945 il Battaglione si trovava in parte ad Alba, dove era stato inviato di rinforzo dopo il tentato attacco partigiano del giorno 15, ed in parte a Torino. Si conoscono i nominativi di 5 caduti del Battaglione.

X Gruppo Speciale d'Artiglieria

Con lo scopo di fornire appoggio di artiglieria ai reparti del R.A.P. fu costituita la 10ª Batteria Speciale d'Artiglieria, che risultava in formazione a Brescia già il 5 agosto 1944, alle dipendenze del CO - GU. Già nel mese di luglio, però, un primo nucleo di Artiglieri era stato concentrato a Novara presso le scuole di via Cacciapiatti. Il 18 luglio 1 ufficiale e 20 artiglieri della Batteria collaborarono con una squadra di Agenti della Polizia Repubblicana ed un plotone di 20 militi della Brigata Nera novarese ad una spedizione punitiva ad Orta (NO), dove arrestarono i membri di una cellula che trafugava disegni progettuali, da uno stabilimento dell'Alfa Romeo che era stato lì decentrato per sfuggire ai bombardamenti.

La Batteria raggiunse Torino, insieme al I Battaglione Arditi del Raggruppamento Anti Partigiani, il 10 agosto 1944 ed il successivo 18 agosto la II Sezione della Batteria Speciale passò alle dipendenze della X MAS.

Alla fine di agosto la 10ª Batteria Speciale risultava avere una Batteria dislocata a Bard (AO) ed una in trasferimento a Cirié (TO), per essere impiegata in azioni di controguerriglia; l'organico della Batteria era di 4 ufficiali e 95 tra sottufficiali e truppa. In quel periodo il reparto ebbe i primi due caduti, gli Artiglieri Giovanni Albè ed Angelo Alchiero, deceduti in seguito ad un'imboscata ad Aosta il 23 agosto 1944; erano con ogni probabilità in forza alla Batteria dislocata a Bard.

Nel dicembre 1944 la Batteria si trasformò in X Gruppo Speciale d'Artiglieria, dapprima su 2 Batterie, poi su 4 Batterie:
- Comando
- 1ª Batteria da Campagna
  - I Sezione su 2 pezzi
  - II Sezione su 2 pezzi
- 2ª Batteria da Campagna – comandante capitano Aldo Lallini
  - I Sezione su 2 pezzi – comandante sottotenente Eugenio Petrelli
  - II Sezione su 2 pezzi
- 3ª Batteria da Campagna
  - I Sezione su 2 pezzi
  - II Sezione su 2 pezzi
- 4ª Batteria Pesante Campale
  - I Sezione su 2 pezzi
  - II Sezione su 2 pezzi

Comandante del Gruppo era il maggiore Mazzantini. Le Batterie, ciascuna su 2 Sezioni di 2 pezzi ciascuna, erano armate con pezzi da 75/13; secondo Pisanò il Gruppo erano dotate anche di pezzi da 105 (2ª Batteria), da 100/17 (3ª Batteria) e da 149 (4ª Batteria), ma questa dotazione parrebbe essere smentita dalla relazione del colonnello Ruta relativa alla liberazione di Alba, in cui si parla esclusivamente di Batterie armate con obici da 75/13. Proprio a seguito della liberazione di Alba il 2 novembre 1944, la 2ª Batteria del X Gruppo Speciale d'Artiglieria fu dislocata nella cittadina, rimanendovi di presidio fisso sino al termine del conflitto.

Nel corso della battaglia del 15 aprile 1945, le due Sezioni della 2ª Batteria, che era comandata dal capitano Aldo Lallini, fu posizionate a difesa di due capisaldi diversi. La I Sezione, al comando del sottotenente Eugenio Petrelli, fu inviata in appoggio alla 5ª Compagnia del II Battaglione Arditi Fanti, presso il Seminario Minore di Alba, mentre la II Sezione rimase in appoggio al Comando del Battaglione Arditi Fanti presso la Caserma "Govone", impegnando i suoi due pezzi a tiro di interdizione sin dalle prime ore del giorno. Nel corso degli scontri la Batteria ebbe a lamentare solamente un ferito leggero, l'Artigliere Vittorio Carpino.

Come per gli altri reparti repubblicani interessati dagli scontri del 15 aprile, siamo in grado di fornire la trascrizione completa della relazione del capitano Lallini, comandante della 2ª Batteria del X Gruppo Speciale d'Artiglieria[36]:

<u>"X° GRUPPO SPECIALE ARTIGLIERIA
IIª BATTERIA</u>

AL COMANDO II° BTG. ARDITI FANTI

<u>SEDE</u>

OGGETTO: Relazione sui fatti avvenuti addì 15/4/1945/XXIII°

La sera del giorno 14/4 viene segnalato dal Comando di Btg. un forte concentramento di elementi partigiani in località "Gallo", ed in altre località viciniori. Data la rispettabile forza delle bande segnalate era da presupporre un forte attacco al presidio di Alba. Durante la notte la IA Sezione della batteria al comando del S.Ten. Petrelli Eugenio si trasferiva negli accantonamenti della 5ª Comp. mentre la IIª Sez. per tutta la durata della notte effettuava tiri di disturbo e di interdizione sulle località segnalate di raccolta. Ne frattempo veniva rafforzato, in concorso con il plotone di cavalleria, il servizio di guardi e di difesa vicina.

Alle ore 4 circa del giorno 15/4 stato di allarme essendo venuta a mancare l'energia elettrica e le comunicazioni telefoniche.

Verso le ore 6, preceduto da una forte esplosione, è iniziato un forte fuoco di armi automatiche pesanti e leggere appostate principalmente sulla collina antistante la caserma GOVONI. Mentre la IIA Sezione dal cortile della medesima apriva il fuoco sulle colline circostanti. Alle ore 6.30 mentre il fuoco avversario diveniva sempre più intenso e rabbioso si notava che elementi fuorilegge, infiltratisi in forte quantità da porta Vivaro, avevano occupato i caseggiati

---

[36] Nel testo sono state mantenute la grafia maiuscola di alcuni termini ed alcuni errori ortografici, così come sono presenti nel testo del documento originale. Allo stesso modo è stato mantenuto un appellativo offensivo, utilizzato nei confronti di un comandante partigiano dall'ufficiale nella sua relazione, per non modificare l'autenticità del testo ed il suo stile enfatico.

circostanti la caserma e da questi aprivano il fuoco sui cortili e sulla Sezione, tanto che i pezzi, per non esporre inutilmente gli uomini, furono ritirati e piazzati per la difesa vicina, essendo impossibile un altrimenti intervento dato che ogni angolo esterno ed interno della caserma era sotto il preciso tiro dei fuorilegge. Verso le ore 8.30 circa i nemici intervenivano anche con mortai e lancia granate tanto che il plotone di cavalleria doveva ritirarsi nel fabbricato principale della caserma ove era schierata la sezione, portando con sé un ferito. Alle ore 8,30 l'Art. Caprino veniva ferito alle gambe da schegge di mortaio.

Da parte nostra in questa prima fase dell'attacco si è reagito efficacemente rintuzzando ogni tentativo di avvicinamento da parte degli avversari, i quali, vista l'inutilità degli attacchi e le perdite inflitte dal nostro fuoco, costituivano uno schieramento di armi automatiche sul giro periferico della caserma, dando inizio ad un robusto assedio di fuoco da lontano (200 - 300 metri). Nel frattempo veniva notata la caduta del posto di blocco di porta Savona ove si insediarono i partigiani stessi.

La situazione, già preoccupante per quanto riguardava l'intenso fuoco nemico, si faceva sempre più critica dato il continuo assedio avversario, la mancanza assoluta di collegamenti e quindi di notizie da parte degli altri reparti del presidio dei quali, data la distanza ed il forte fuoco avversario, non era possibile notare nemmeno la reazione eventuale. Per di più, prolungandosi l'attacco poteva farsi sentire la mancanza di munizioni e di viveri.

Verso il mezzogiorno, quando la situazione era particolarmente delicata per noi, a mezzo del cav. Amadini, caduto prigioniero, i partigiani ci intimavano la resa che veniva decisamente rifiutata, sebben ci fosse comunicato la quasi totale distruzione dell'8A Comp., la prossima resa della 5ª e la cattura di circa 40 prigionieri.

Da allora per tutto il pomeriggio la caserma veniva tenuta sotto un costante fuoco di armi pesanti, di mortai e di lancia granate che creava sfavorevoli condizioni di difesa essendo ogni sistemazione difensiva presa sotto un preciso fuoco d'infilata.

Verso le ore 16 finalmente du carri "L" del Com. di Btg. riuscivano a raggiungere la "Govoni" e ristabilire un momentaneo collegamento. Contemporaneamente all'uscita dei carri dalla caserma il fuoco partigiano aumentava di intensità culminando con il lancio di granate incendiarie che però colpivano punti non attaccati.

Verso le 17 il fuoco avversario scemava gradatamente di intensità mentre si notavano gruppi partigiani che si allontanavano dalla zona del fuoco. Alle ore 18 il fuoco si riduceva a colpi isolati di fucile e mortaio. Alle ore 18.30 una pattuglia al comando del Ten. Marquez della 5ª Comp. riusciva ad avvicinarsi alla nostra caserma portando notizia del ripiegamento dei partigiani dalla città. Alle ore 19 una pattuglia mista di artiglieri e cavalieri usciva e la situazione si normalizzava potendo constatare che l'avversario si era ritirato sulle colline.

Dalle osservazioni effettuate risulta che gli attaccanti da sud facevano parte di formazioni comuniste al comando del bastardo francese "GIMMI" mentre gli attaccanti da nord di formazioni G.L. perfettamente equipaggiati, armati ed addestrati.

Il comportamento degli uomini è stato superiore ad ogni elogio anche nei momenti critici della mattina e del primo pomeriggio, quando più forte imperversava il piombo avversario, non vi è mai stato un tentennamento ma sempre fredda decisione di resistenza ad oltranza, calma assoluta e fuoco di reazione dosato ed intelligente. Il comportamento di alcuni è stato addirittura superbo.

Perdite: Art. CAPRINO Vittorio, ferito leggermente alle gambe da schegge di mortaio.

Il Comandante la 2ª Batteria
capitano Aldo Lallini".

Secondo l'elenco dei caduti dell'Istituto Storico della R.S.I., i caduti e dispersi conosciuti del X Gruppo Speciale d'Artiglieria sono sedici, molti dei quali prelevati e giustiziati a fine guerra; l'elenco è sicuramente incompleto.

Reparto Autonomo di Cavalleria

Quando nell'estate 1944 iniziarono a costituirsi i primi reparti del R.A.P, a Milano ed a Torino furono recuperati alcuni carri armati, che sarebbero stati successivamente impegnati dal costituendo Gruppo Esplorante, acquartierato presso la Scuola d'Applicazione d'Arma in via Arsenale a Torino. Ad ottobre lo Squadrone Autonomo di Cavalleria dello Stato Maggiore dell'esercito ricevette l'ordine di creare un reparto di Cavalleria da inviare ad Alba, che doveva essere liberata da reparti del Raggruppamento Anti Partigiani. Durante le operazioni per la liberazione di Alba fu impiegato anche un altro reparto a cavallo che proveniva da Cuneo, di cui non si conosce la dipendenza organica, il cui comandante era il maggiore Bonatelli[37]. Da documenti dello Stato Maggiore dell'E.N.R. risulta però in costituzione un XXXX Gruppo Autonomo di Cavalleria già il 5 agosto 1944 a Bergamo presso lo Squadrone dello Stato Maggiore, alle dipendenze del CO-GU (Contro Guerriglia). Il compito di costituire lo Squadrone e di comandarlo fu affidato al capitano Remo Bussotti, che organizzò un reparto forte di 60 cavalcature. Il reparto di Bussotti si diresse alla volta della città piemontese, raggiungendola il 2 novembre, quando Alba era stata ormai liberata. Al termine delle operazioni, il R.A.P. lasciò alcuni reparti a presidio, tra qui lo Squadrone Autonomo di Cavalleria, appena giunto, e da quel momento il Reparto Autonomo di Cavalleria fu aggregato definitivamente al R.A.P., con Deposito a Torino ed il Gruppo Esplorante risultò quindi così organizzato nel novembre 1944:

- Squadrone Comando comandato dal capitano Reno Bozzi;
- Reparto Autonomo di Cavalleria comandato dal capitano Remo Bussotti[38];
- 1ª Compagnia Carri M comandata dal tenente Ascanio Caradonna;
- 2ª Compagnia Carri L comandata dal tenente Domenico Caruso.

Una aliquota del Reparto Autonomo di Cavalleria al comando del capitano Bussotti fu stanziata a Torino, presso la Scuola d'Applicazione d'Arma, per costituire il Deposito del Reparto[39]. Le componenti del Reparto furono impegnate soprattutto in operazioni di scorta

---

37 Alle operazioni per la liberazione di Alba presero parte anche reparti della G.N.R. e delle Brigate Nere di Cuneo; non si può escludere che il reparto del maggiore Bonatelli dipendesse dal locale comando della Guardia Nazionale Repubblicana.
38 Giorgio Pisanò, ne "Gli ultimi in Grigioverde" indica come comandante dello Squadrone un certo tenente Cesarini, informazione però smentita dalle memorie dello stesso capitano Bussotti ("Lo Squadrone di Cavalleria dello Stato Maggiore dell'Esercito (e poi del R.A.P.)" in "Acta" numero 15, maggio – luglio 1991). Non è da escludere che il tenente Cesarini fosse il comandante del Plotone di Cavalleria distaccato ad Alba.
39 Pisanò sostiene che lo Squadrone era già presso il R.A.P. nell'agosto 1944, con sede presso la Scuola d'Applicazione d'Arma in via Arsenale, dove fu raggiunto in un secondo momento dalle Compagnie di carri armati, formando di fatto il nucleo fondante del Gruppo Esplorante. La stessa notizia è ripresa da Nava e Corbatti ne "Come il diamante!". Questa informazione però viene smentita dalle già citate memorie del comandante del Reparto Autonomo di Cavalleria, capitano Bussotti.

armata alle colonne carrate che da Torino trasportavano derrate alimentari (soprattutto sale!) nel Cuneese, fino a Bra. Questa attività fu svolta costantemente fino al termine della guerra, senza mai dover impegnare i Cavalieri in scontri a fuoco, poiché la sola presenza della scorta a cavallo era sufficiente a scoraggiare i malintenzionati. Il Reparto di Cavalleria operò inoltre in supporto ad azioni controguerriglia condotte da altri reparti del Raggruppamento Anti Partigiani nella zona d'operazioni.

Il Plotone distaccato ad Alba espletò ininterrottamente fino al 25 aprile 1945 i compiti di presidio alla città di Alba, che gli erano stati assegnati. Al termine del conflitto, il Reparto Autonomo condivise le sorti del Raggruppamento Anti Partigiani. Lasciata Torino il 28 aprile, il reparto raggiunse, con la colonna fascista torinese, la "zona franca" di Strambino Romano, dove si consegnò agli Alleati il 5 maggio. Gli Americani concessero l'onore delle armi ai prigionieri, che furono temporaneamente concentrati presso gli stabilimenti Olivetti di Ivrea, prima di essere trasferiti nel campo di prigionia di Coltano. Il presidio di Alba fu attaccato il 26 aprile e la guarnigione repubblicana si arrese dopo due giorni di combattimento, ma non è nota la sorte dei Cavalieri presenti nella città. Secondo l'elenco dei caduti dell'Istituto Storico della R.S.I., i caduti e dispersi conosciuti del Reparto Autonomo di Cavalleria sono quindici, anche se l'elenco è sicuramente incompleto.

1ª Compagnia Carri Leggeri

Quando nell'estate 1944 iniziarono a costituirsi i primi reparti del R.A.P, a Milano ed a Torino furono recuperati degli autocarri per l'Autodrappello ed alcuni carri armati, che sarebbero stati successivamente impegnati dal costituendo Gruppo Esplorante. A partire dal mese di agosto il R.A.P. fu spostato a scaglioni in Piemonte, dove maggiormente si concentrava l'azione partigiana.

A Torino nel mese di novembre del 1944 furono formate una Compagnia Carri L ed una Compagnia Carri M, che furono acquartierate presso la Scuola d'Applicazione d'Arma in via Arsenale; la dotazione di mezzi corazzati del Gruppo Esplorante in questo periodo era probabilmente costituita da non più di una decina di carri L3 ed un carro M. Come abbiamo visto poc'anzi, il Gruppo Esplorante si costituì in un primo momento come Reparto Autonomo di Cavalleria a Bergamo, con personale del Gruppo Squadroni a Cavallo dello Stato Maggiore dell'Esercito Nazionale Repubblicano, assorbendo successivamente il Plotone a Cavallo del C.A.R.S. e successivamente le Compagnie Carri. Il 15 dicembre due partigiani dei G.A.P. torinesi abboccarono e tentarono di assassinare il tenente Domenico Caruso, comandante della Compagnia Carri L, mentre passeggiava per il centro del capoluogo piemontese, ma la pronta reazione dell'ufficiale mise in fuga i due assalitori. Il tenente Caruso, in un secondo momento, fu destinato ad altro incarico e probabilmente sostituito dal tenente Ernesto Colombiani. La 1ª Compagnia Carri M fu rapidamente sciolta, per mancanza di mezzi, e la 2ª Compagnia fu ridenominata 1ª Compagnia Carri Leggeri. Il R.A.P. partecipò in forze alle operazioni di attacco alla città di Alba, occupata dai partigiani il 2 novembre 1944 e, come abbiamo visto, dopo la liberazione della città, il R.A.P. lasciò alcuni reparti a presidio, tra cui lo Squadrone Autonomo di Cavalleria.

Alla fine del 1944, l'Aufstellungsstab Süd mise a disposizione del Raggruppamento Anti Partigiani alcuni blindati non funzionanti, che si trovavano abbandonati presso il deposito di Caselle, mezzi che, almeno in parte, avrebbero potuto essere rimessi in condizioni di marcia dal personale del Raggruppamento: 7 carri leggeri L3, 1 carro medio M13, 2 semoventi da 47/32 L40, 2 semoventi da 75/18 ed 1 autoblinda AB41.

Nel corso del mese di gennaio del 1945 un plotone con 4 carri della Compagnia Carri L del Gruppo Esplorante fu inviato ad Alba in rinforzo del locale presidio del Raggruppamento Anti Partigiani, al comando del sottotenente Lega Cleto. Questo plotone operò saltuariamente anche di rinforzo ai reparti del RAU di stanza a Cherasco e, successivamente, a Bra. In una circolare del 18 febbraio 1945 lo Stato Maggiore dell'Esercito dispose la costituzione della 1ª Compagnia Carri Leggeri in seno al R.A.P., organizzata su:

- Comando Compagnia
- Plotone Comando
- 3 Plotoni Carri L3

L'organico della Compagnia consisteva in 7 ufficiali, 13 sottufficiali e 33 carristi, con una dotazione prevista di 14 carri leggeri; da un documento del 23 febbraio 1945 apprendiamo che l'unità disponeva, a quella data di 1 autoblinda (dalla documentazione fotografica si desume una AB41), 17 carri L3, di cui 6 in riparazione, 1 L6 (dalla documentazione fotografica risulta essere un semovente L40) e 2 carri M13.

Ad Alba i carri del Plotone lì distaccato furono impegnati il 16 febbraio per allontanare alcuni partigiani che, in due distinte operazioni nelle primissime ore del giorno, avevano tentato di assalire due posti di blocco del Raggruppamento Anti Partigiani.

Il 18 febbraio 1945 fu ufficialmente costituito il Gruppo Esplorante, con la fusione della 1ª Compagnia Carri ed il Reparto Autonomo di Cavalleria, che da quel momento fu denominato Plotone a Cavallo.

Il 24 marzo fu inviato un plotone della Compagnia Carri, rinforzato da uomini del Plotone a Cavallo a presidio della cittadina di Chieri, dietro richiesta del Comando dell'Armata Liguria, dove si trovava un deposito di approvvigionamento dell'Armata stessa.

Secondo una relazione del 29 marzo del 1945 l'organico della Compagnia, dislocata a Torino, era di 48 uomini; i carri leggeri ancora operativi erano solamente 6, un Plotone di 3 carri e relativi equipaggi era di stanza ad Alba, mentre 8 mezzi risultavano in riparazione.

All'inizio di aprile, parte del plotone della Compagnia Carri L3 (probabilmente con 1 solo carro), di stanza ad Alba, fu trasferito temporaneamente a Bra, dove si trovava dislocato il I Reparto Arditi Ufficiali, prendendo parte ad alcuni scontri, che si conclusero con la rottura dell'accerchiamento della città di Alba il 15 aprile 1945, descritti nel capitolo precedente.

Al 5 aprile 1945 l'organico della Compagnia Carri L risultava:

- Forza effettiva: 24 ufficiali, 19 sottufficiali, 29 soldati e 1 ausiliaria
- Forza presente: 16 ufficiali, 5 sottufficiali, 27 soldati e 1 ausiliaria

Nello stesso giorno la sezione di carri leggeri dislocata ad Alba prese parte ad un rastrellamento tra Roddi e Verduno. Gli scontri con i partigiani si susseguirono sempre più intensi, tanto che il 6 aprile la Compagnia Carri del R.A.P. perse due autoblindo[40] ed il semovente

---

[40] I documenti citati poc'anzi attestano la presenza solo di una AB41 presso la Compagnia Corazzata del Raggruppamento, ma fotografie fatte al termine dello scontro presentano una Lancia Lince in mano ai partigiani a Cisterna; probabilmente anche questa vettura blindata da ricognizione era impiegata dalla Compagnia Corazzata del R.A.P. e sarebbe questa la seconda autoblinda citata tra le perdite del 6 aprile 1945 (vedi Nava, Corbatti, "Come il Diamante!").

L40, durante cruenti scontri a Cisterna d'Asti.

Interessante la relazione stesa dal comandante della Sezione Carri di Alba sui fatti del 15 aprile 1945, che ci permette di apprendere ulteriori dettagli sull'operato dei corazzati nel corso degli scontri:

"Iniziatosi l'attacco partigiano alle ore 6,30 del 15.4.45, ad ore 8,30 su ordine del maggiore comandante sono uscito con due carri dall'accantonamento di S. Secondo per vedere e riferire sulla situazione in città e in specie sulla situazione dei posti di blocco.

Arrivato a Porta Torino no riscontrai alcuna anormalità; proseguii quindi al posto di blocco per Porta Vivaro dove pure non c'era nulla di anormale. Giunsi a Piazza Savona e qui notai gran numero di partigiani e fui accolto da un gran numero di armi automatiche e individuali. Vista la provenienza dei partigiani, giudicai opportuno spingermi in Via Mazzini all'altezza della Stipel. Qui mi fermai avendo notato un individuo che si chinava sulle macerie che ostruivano la strada. Non giudicando opportuno proseguire oltre le macerie, rifeci il percorso già fatto, sempre seguito dal fuoco avversario.

Notai allora che il carro armato del s. ten. Vari Ardenio non mi seguiva. Feci ancora un paio di volte il percorso e non trovando traccia del suddetto carro, rientrai all'accantonamento, riferii al maggiore comandante la situazione. Dopo un'ora circa uscii nuovamente per riferire la situazione di Porta Torino. Lungo il percorso fui sempre accompagnato dal fuoco delle armi automatiche partigiane e all'ingresso del Duomo della Città notai un cadavere. Mi spinsi nuovamente in piazza Savona, dove la situazione era sempre la stessa. Più tardi uscii una terza volta per appoggiare il plotone del ten. Marquez che usciva dall'accantonamento di S. Secondo.

Raggiuntolo in piazza della Repubblica lo precedetti in piazza Savona. Qui giunto non fui accolto da alcuna scarica, mentre notai che quattro individui si chiudevano in un caseggiato di detta piazza. Giudicando che fossero gli uomini del ten. Marquez non feci fuoco e rientrai per riferire. Uscii nuovamente per appoggiare il ripiegamento degli uomini del posto di blocco di Porta Cherasca, i quali con la mia protezione e sotto il fuoco di un'arma pesante avversaria riuscirono a ripiegare nell'accantonamento di S. Secondo Uscii nuovamente con a bordo il cap. Rossi e con un secondo carro per conoscere la situazione del posto di blocco di Porta Savona e della Caserma Govone. Giunto in Piazza Savona fui accolto dal solito fuoco avversario. Giudicai opportuno ripiegare in caserma, poiché era impossibile rendersi conto della situazione del posto di blocco di Porta Savona. Uscii nuovamente per portare un ordine del maggiore comandante alla Caserma Govone. Quivi mi fermai per circa mezz'ora e rientrai in caserma portando le novità di quel distaccamento. Uscivo un'altra volta per appoggiare una squadra che si recava al distaccamento del 8 Compagnia situato nel Convitto Civico. Mi spinsi quindi al posto di blocco di Porta Vivaro nei pressi dell'Ospedale Civile.

D'ordine del maggiore comandante uscii altre due volte portandomi fino al ponte interrotto sul Tanaro, cercando di segnalare la mia presenza ad elementi della colonna di rinforzo, che erano giunti sull'altra sponda del Tanaro. La Sezione Carri Armati durante l'attacco partigiano ha avuto le seguenti perdite in uomini: s. ten Vari Ardenio, cap. magg. Cacciotti Gabriele. Per quel che riguarda il materiale vennero asportate dai partigiani le due mitragliatrici Breda 38 del carro immobilizzato, un mitra e n. due pistole, armamento individuale dell'equipaggio.

Le salme del carro armato sono state recuperate. Durante tale azione a bordo del mio carro furono sparati n. 1080 colpi. Per quel che riguarda il carro del s. ten Vari non si può precisare il numero di colpi sparati avendo i partigiani asportati tutti i caricatori.
Alla memoria del s. ten. Vari e del cap. magg. Cacciotti sono state concesse per il loro eroico comportamento in combattimento la medagli d'argento sul campo".
Al termine degli scontri, il Plotone Carri, con un organico ridotto a soli 3 carri L3, fu lasciato ad Alba in rinforzo al II Battaglione Arditi, dove rimase fino alla fine della guerra, effettuando alcune puntate di rinforzo ai reparti del I R.A.U. dislocati a Cherasco ed a Bra. Il presidio di Alba fu nuovamente attaccato il 26 aprile e la guarnigione repubblicana si arrese dopo 2 giorni di combattimento. Non è nota la sorte dei carristi presenti nella città, ma sicuramente i 3 carri leggeri del R.A.P. furono confiscati dai partigiani della Divisione "Langhe", come testimoniato da alcune fotografie. Il grosso del reparto corazzato del R.A.P., dislocato a Torino, seguì le sorti della colonna repubblicana che si arrese agli Americani nella zona franca di Ivrea il 5 maggio.
Secondo l'elenco dei caduti dell'Istituto Storico della R.S.I. gli unici caduti conosciuti del reparto corazzato del R.A.P. sono i 2 carristi caduti ad Alba il 15 aprile.

▲ Soldati canadesi della missione Canuck a Castino con due automobili.

▲ Un gruppo di partigiani si avvia verso Alba durante l'insurrezione del 25 aprile a bordo di un'automobile civile (fonte WEB).

▲ Uno degli L3 della Compagnia Carri Leggeri del R.A.P. di stanza ad Alba, catturato dai partigiani alla fine della guerra. Sotto la scritta fatta a mano "II DIV. LANGHE" è ancora possibile vedere il tricolore repubblicano, che era posto su quasi tutti i blindati del R.A.P.; al traino un cannone probabilmente tedesco.

▼ Il Capitano Robert 'Buck' MacDonald, comandante della missione Canuck, su una automobile modificata durante le operazioni che portarono alla liberazione di Alba (fonte WEB).

▲ Partigiani ad Alba a bordo di un carro leggero abbandonato dei militari del Raggruppamento Anti Partigiani (Crippa).

▼ È terminata la guerra: sulla piazza di Alba i tre carri leggeri della sezione della Compagnia Carri del R.A.P. distaccati nella città piemontese sono ormai nelle mani degli insorti.

▲ I capi partigiani entrano in Alba liberata (Manes).

▼ Autorità militari, civili e religiose salutano la folla dal balcone del municipio la sera del 26 o la mattina del 27 aprile 1945: tra di essi vi è il vescovo Grassi, che grande peso ebbe nelle vicende militari della città piemontese durante i due anni di guerra civile (Studio Agnelli Alba).

▲ Partigiani della 21ª Brigata Matteotti "Fratelli Ambrogio" in una foto in posa subito dopo la liberazione di Alba (fonte WEB).

▼ Partigiani della Brigata "Belbo" sulle alture attorno ad Alba ("Alba per la Libertà").

▲ Partigiani della Divisione "Langhe" fotografati in centro della città di Alba alla Liberazione (collezione Mattia Barbero).

▼ Un autocarro Dovunque 41, carico di partigiani: è notevole l'uso della targa "personalizzata" con la dicitura "DIVISIONE LANGHE" (collezione Mattia Barbero).

▲ Dopo avere liberato Alba, elementi delle formazioni partigiane delle Langhe partecipano alle sfilate che festeggiarono la "Liberazione" a Torino (fonte WEB).

▼ Dopo gli scontri che portarono alla liberazione della città, il 30 aprile 1945 i partigiani arrestano ad Alba il maggiore Gagliardo Gagliardi, comandante del II Battaglione Arditi Fanti (indicato con il numero 1), ed il capitano Amleto Rossi (indicato con il numero 2), comandante della 5ª Compagnia dello stesso Battaglione (Pisanò).

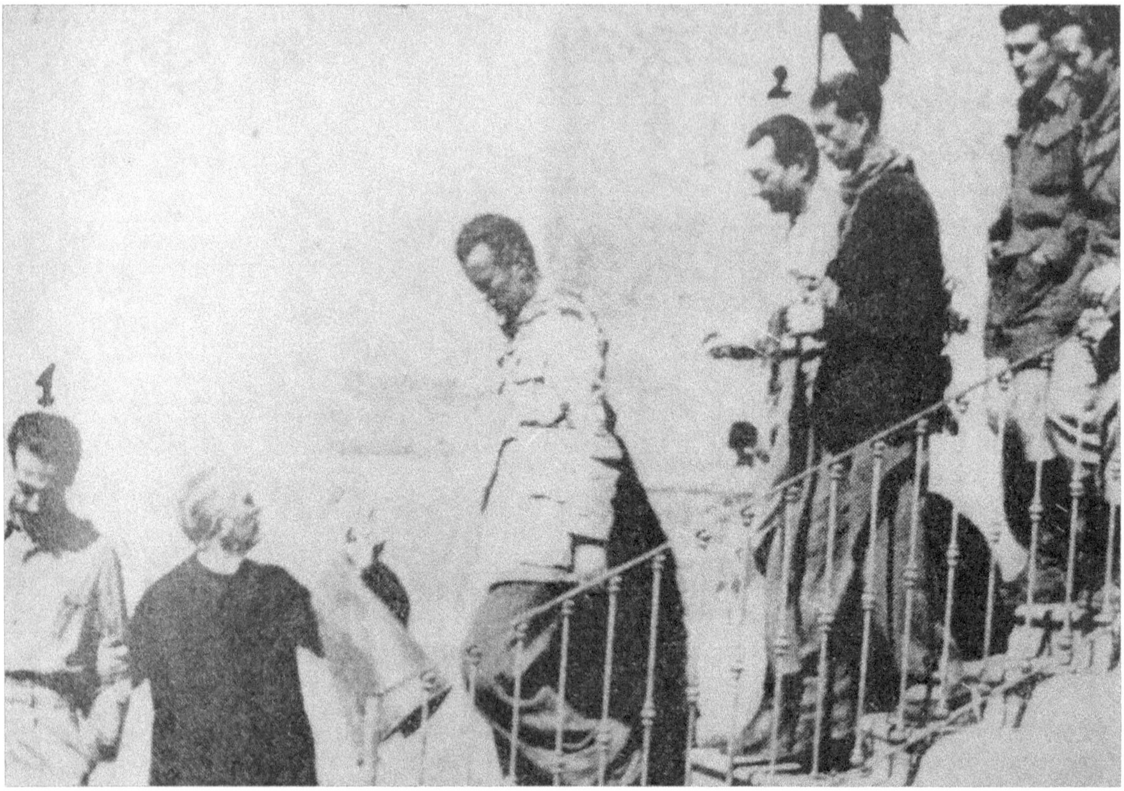

▲ Il maggiore Gagliardo Gagliardi (indicato con il numero 1) ed il capitano Amleto Rossi (indicato con il numero 2) al termine del processo che li condanna alla pena capitale (Pisanò).

▼ I due ufficiali del Raggruppamento Anti Partigiani, maggiore Gagliardi (indicato con il numero 1) e capitano Rossi (indicato con il numero 2), vengono condotti al cimitero di Alba, dove saranno fucilati (Pisanò).

▲ Nel 2000 è stato girato il film "Il partigiano Jonny", basato sull'omonimo romanzo autobiografico di Beppe Fenoglio, in quanto gran parte delle vicende, pur romanzate, furono realmente vissute dall'autore in prima persona. Nella fotografia, una immagine dal set del film che, in una visione d'insieme dei partigiani che arrivano in piazza Duomo ad Alba nell'ottobre del 1944, restituisce l'atmosfera che si visse nella città piemontese in quei momenti (fonte WEB).

BIBLIOGRAFIA

LIBRI E PUBBLICAZIONI

- AA.VV, "Le missioni alleate e le formazioni dei partigiani autonomi nella Resistenza piemontese: atti del Convegno internazionale: Torino, 21-22 ottobre 1978", Edizioni L'Arciere.
- AA.VV., "Alba per la Libertà, Regione Piemonte, 1984.
- AA.VV., "Soldati e Battaglie della Seconda Guerra Mondiale", Hobby & Work Italiana Editrice, 1998.
- Ambrosio Piero, "I notiziari della G.N.R. della Provincia di Vercelli all'attenzione del Duce", Istituto per la storia della Resistenza e della società contemporanea nel Biellese, nel Vercellese e in Valsesia, Varallo Sesia (VC), 2012.
- Amedeo Renzo, "Alba Libera", Centro Studi Partigiani autonomi, Torino, 1980.
- Amedeo Renzo, "Storia partigiana della Divisione Autonoma XV Alessandria", Autonomi Editorie, 1983
- Arena Nino, "R.S.I. – Forze Armate della Repubblica Sociale – La guerra in Italia – 1943 – 1944 – 1945", Ermanno Albertelli Editore.
- Bocca Giorgio, "Partigiani della montagna. Vita delle divisioni "Giustizia e Libertà" del Cuneese", Feltrinelli.
- Christin Francesco, "Con gli alamari nella RSI. Storia del 1° Battaglione Granatieri di Sardegna 1943/45", Settimo Sigillo, 1995.
- Ciavattone Federico, "Gli Specialisti – I Reparti Arditi ufficiali e la Squadra X nella lotta antipartigiana – 1944- '45", Mattioli 1885, Fidenza (PR), 2014.
- Conti Arturo, "Albo caduti e dispersi della Repubblica Sociale Italiana", FONDAZIONE DELLA R.S.I. - ISTITUTO STORICO ONLUS.
- Corbatti Sergio, Nava Marco, "Come il diamante", Laran Editions
- Corbatti Sergio e Nava Marco, "Sentire - Pensare - Volere Storia della Legione SS italiana", Ritter.
- Crippa Paolo, "I Reparti Corazzati della Repubblica Sociale Italiana 1943 -1945", Marvia Edizioni, Voghera (PV), 2005.
- Crippa Paolo, "Italia 43 -45 – I blindati di circostanza della Guerra Civile", Mattioli 1885, Fidenza (PR), 2014.
- Crippa Paolo, "I mezzi corazzati italiani della Guerra Civile 43- 45", Mattioli 1885, Fidenza (PR), 2015.
- Cucut Carlo e Crippa Paolo, "I reparti controguerriglia della R.S.I. C.A.R.S. - Cacciatori degli Appennini - R.A.P"., Marvia Edizioni, Voghera (PV), 2020.
- Crippa Paolo, "Storia dei Reparti Corazzati della Repubblica Sociale Italiana 1943 -1945", Marvia Edizioni, Voghera (PV), 2022.
- Cucut Carlo, "Le Forze Armate della R.S.I. 1943 – 1945 – Forze di terra", G.M.T.
- Cucut Carlo, Bobbio Roberto, "Attilio Viziano – Ricordi di un corrispondente di guerra", Marvia Edizioni.

- Fenoglio Beppe, I ventitré giorni della città di Alba, 2022 Einaudi
- Gamberini Maurizio e Maculan Riccardo, "Battaglione Fulmine. Xª Flottiglia MAS. 1944-1945. Documenti ed immagini", Editrice Lo Scarabeo, 1994.
- Gamberini Maurizio, Maculan Riccardo, "Battaglione Fulmine – Xª Flottiglia MAS 1944 – 1945", Edizioni Menin, Schio (VI), 2009.
- Gentile Carlo, "I servizi segreti tedeschi in Italia, 1943-1945" tratto da Paolo Ferrari e Massignani Alessandro, "Conoscere il nemico. Apparati di intelligence e modelli culturali nella storia contemporanea", Franco Angeli.
- Grandi Marco, "La relazione sull'attività del Gruppo Divisioni Autonome "Mauri" (Settembre 1943-Aprile 1945)", Editrice Ipotesi.
- Griner Massimiliano, "La "Pupilla" del Duce. La Legione autonoma mobile Ettore Muti", Bollati Boringhieri.
- Iebole Ferruccio, "Partigiani, martiri liguri, piemontesi e Cacciatori degli Appennini", Edizione AEC Resistenza – Album della Guerra di Liberazione", Rizzoli, Milano, 1995.
- Martini Mauri Enrico, "Partigiani penne nere. Boves, Val Maudagna, Val Casotto, le Langhe", Edizioni il Capricorno.
- Martini Mauri Enrico, "Con la libertà e per la libertà", Società Editrice Torinese, 1947.
- Masera Diana, "Langa partigiana "43-"45", Araba Fenice.
- Nava Marco, "La 34. Infanterie Division sul fronte italiano 1944-1945", edito in proprio
- Perona Gianni, "Formazioni autonome nella Resistenza. Documenti", Istituto Nazionale per la storia del movimento di liberazione in Italia.
- Pisanò Giorgio, "Gli ultimi in grigioverde", Edizioni F.P.E.
- Pisanò Giorgio, "Storia della Guerra Civile in Italia", Edizioni F.P.E.
- Rocco Giuseppe, "Con l'Onore per l'Onore – L'organizzazione militare della R.S.I. sul finire della Seconda Guerra Mondiale", Greco & Greco Editori.
- Rossi Andrea, "Arditi di ritorno. Le alterne fortune dell'arditismo nella Repubblica Sociale Italiana", in "Eunomia Rivista semestrale di Storia e Politica Internazionali", numero 2, 2015, Università del Salento.
- S.A., "Alba per la libertà", Regione Piemonte, 1984.
- Sandri Leonardo, "la 356^ Infanterie Division sul fronte italiano 1943-1945", edito in proprio, 2020.
- Sandri Leonardo, "Raggruppamento 'Cacciatori degli Appennini'. Una documentazione", edito in proprio, 2020.
- Sparacino Franco, "Distintivi e medaglie della R.S.I." Editrice Militare Italiana.
- Stefani Maurizio, "Struttura e organizzazione del Primo Gruppo Divisioni Alpine", Edizioni Autonomi.
- Toscani Gianni, "Con i partigiani in Valbormida, Valle Uzzone, Valle Belbo – Langhe. Interviste – documenti – fotografie", Magema Edizioni, 2007.

RIVISTE E PUBBLICAZIONI

- Barbano Filippo, "I fatti militari di Alba in alcuni documenti partigiani e repubblicani (10 ottobre 1944 – 15 aprile 1945)" in "Il movimento di liberazione in Italia" numero 4, a cura dell'I.N.S.M.L.I., senza editore, 1950.
- Conti Arturo, "Albo caduti e dispersi della Repubblica Sociale Italiana", Fondazione della R.S.I. - Istituto Storico, Terranuova Bracciolini (AR), 2018.
- De Luca Giampaolo, "Partigiani delle Langhe. Cultura di banda e rapporti tra formazioni nella VI zona operativa piemontese", Università degli Studi di Pisa, A.A. 2012-13.
- Favrin Roberta, "Lotta partigiana e società contadina: L'VIII^ Divisione Garibaldi "Asti"", Istituto per la storia della Resistenza e della società contemporanea in Provincia di Asti.
- Monsignor Grassi Luigi, "Ricordi personali", in "La tortura di Alba e dell'Albese", Alba, 1946.
- Renzo Amedeo, "Diario Mauri. Marzo 1945", in "Autonomi", Torino, 1980.
- Renzo Amedero, "Diario Mauri. Dicembre 1944", in "Autonomi", Torino, 1979.
- Rivero Michele, "Il tribunale delle grandi unità CARS – COGU (Sull'amministrazione della giustizia militare nella Repubblica di Salò)" in "Il Movimento di Liberazione in Italia", a cura dell'I.N.S.M.L.I., numero 25, senza editore, 1953.
- Ruzzi Marco, "Dalla RSI alle formazioni partigiane. Analisi di un percorso", I.S.R.A.T. Asti.
- Ruzzi Marco, "Presenza ed attività delle Forze della RSI in provincia di Asti", I.S.R.A.T., Asti.
- Ruzzi Marco, "La X Divisione Giustizia e Libertà", I.S.R.A.T. Asti.
- Scalpelli Adolfo, "La formazione delle forze armate di Salò attraverso i documenti dello Stato Maggiore della R.S.I." in "Il movimento di liberazione in Italia" numeri 72 e 73, a cura dell'I.N.S.M.L.I., senza editore, 1963.
- "Acta", numeri vari, Fondazione della R.S.I. - Istituto Storico, Terranuova Bracciolini (AR).
- "Uniformi ed armi", numeri vari, Ermanno Albertelli Editore, Parma.
- Grassi Luigi Maria (Vescovo di Alba), "La tortura di Alba e dell'Albese (Settembre 1943 – Aprile 1945) – Ricordi personali".

TITOLI GIÀ PUBBLICATI - TITLES ALREADY PUBLISHING

BOOKS TO COLLECT

www.ingramcontent.com/pod-product-compliance
Lightning Source LLC
LaVergne TN
LVHW081451060526
838201LV00050BA/1767